Heilige Elisabeth und ihre Liebe zu Reinhardsbrunn

Neuauflage

Martina Giese-Rothe

&

Gastautoren: Andreas Paasche und Peter Köllner

Heilige Elisabeth und ihre Liebe zu Reinhardsbrunn

Geschichten von damals bis heute

rund um Reinhardsbrunn

Herausgeber
Martina Giese-Rothe und Peter Köllner

Neuauflage – eine Überarbeitung; wichtige biografische und historische Bezüge; erweiterte Quellenlage zu Elisabeth von Thüringen, Hessen und Ungarn; interessante Fakten und Mythen

Bibliografische Information der Deutschen Nationalbibliothek: Die Deutsche Nationalbibliothek verzeichnet diese Publikation in der Deutschen Nationalbibliografie; detaillierte bibliografische Daten sind im Internet über http://dnb.dnb.de abrufbar.

ISBN: 978-3-7693-2616-1

Cover, Layout und Design: Martina Giese-Rothe, Peter Köllner

Erstauflage , 2012;

Verlag: BoD · Books on Demand GmbH, Überseering 33, 22297 Hamburg, bod@bod.de

Druck: Libri Plureos GmbH, Friedensallee 273, 22763 Hamburg

Dir, mein liebes Reinhardsbrunn, ist dieses Buch gewidmet.

Du hast mich zu dir gerufen. Hier durfte auch ich deine Vergangenheit und die Einzigartigkeit dieses heiligen Ortes kennenlernen.

Martina Giese-Rothe, 2025

Inhaltsverzeichnis

Bild 3

Vorwort

Elisabeth von Thüringen ist im deutschsprachigen Raum wohl eine der bekanntesten Heiligen.

Über sie wurden zahlreiche Bücher und Abhandlungen geschrieben, als auch Ausstellungen und Gedenkveranstaltungen anlässlich ihres Geburts- oder Todestages wurden veranstaltet.

Dieses Buch möchte Sie dazu einladen, Ihnen die Beziehung der Landgräfin von Thüringen zu dem ehemaligen Kloster und damit dem Ort des heutigen Landschaftsparks mit Schloss Reinhardsbrunn etwas näher zu bringen.

Gleichzeitig bietet dieses Büchlein einen Blick auf das Werden des ehemaligen Klosters hin zur Entstehung der Schlossanlage und deren Entwicklung bis in die heutige Zeit hinein.

Treten Sie ein,

um unser Gast
in diesem Buch
zu sein.

Bild 4

biographischer
Kurzroman

Elisabeth von Thüringen

von Martina Giese-Rothe

- ebenso von Hessen und Ungarn -

und ihre Liebe
zu
Reinhardsbrunn

Ihre Angst war groß, hatte doch der Onkel von Ludwig IV., Landgraf Ludwig II. unter Kaiser Barbarossa am 3. Kreuzzug teilgenommen und war auf der Kreuzfahrt gestorben. Man verband mit diesem erneuten Kreuzzug, an dem auch ihr Ehemann Ludwig IV. teilnahm, die abschließende Erreichung der Ziele des 5. Kreuzzuges, der schon Jahre zuvor geführt wurde. Ziele waren die Rückeroberung Jerusalems verknüpft mit wirtschaftlichen, politischen und kulturellen Interessen. Auf dem Rückweg aus dem Schmalkaldischen redete Elisabeth kaum ein Wort, war sie doch in Gedanken nur bei ihrem Ludwig. Bis dorthin hatte sie ihn noch ein Stück des Weges, nach seinem Aufbruch zusammen mit einer großen Zahl an Thüringer Edelleuten, von der Wartburg begleitet.

Für gewöhnlich begleitete Elisabeth ihren Mann auch auf weiten Reisen und Ausritten, ging dies nicht, trug Elisabeth während seiner Abwesenheit Trauerkleidung, so auch dieses Mal. Als hätte sie eine Vorahnung gehabt, lief Elisabeth oft zu den Fenstern und Aussichtsstellen der Creuzburg, um zu sehen ob man eine Nachricht von Ludwig brachte.

Währenddessen zog Ludwig über Hessen, Franken, Schwaben und Bayern nach Italien.

Am 27. September 1227 jedoch starb Ludwig IV. an einer Seuche, vermutlich war es Malaria. Gelegentlich kam auch die Legende von einem Mordkomplott auf. Wochen später erst erreichte Elisabeth die Nachricht vom Tode ihres geliebten Mannes. Weinend läuft sie daraufhin in ihre Kemenate auf der Creuzburg und möchte mit ihrem Schmerz alleine sein.

»Mit ihm ist mir die Welt gestorben.«

Hier, auf der Creuzburg bringt sie drei Wochen später ihr drittes Kind, die Tochter Gertrud zur Welt.
Doch man ließ Elisabeth nicht lange trauern. Da der Sohn Hermann beim Tode des Vaters Ludwig IV. erst fünf Jahre alt war, übernahm der Bruder von Ludwig, Heinrich Raspe IV. die Regierungsgeschäfte und die Herrschaft über den Besitz der Ludowinger.
Um Elisabeth von der Wartburg und dem thüringischen Landgrafenhof zu vertreiben, wurde dies geschickt inszeniert, fürchtete man am Hof aufgrund der Weltsicht Elisabeths doch um das Vermögen und eine wachsende Einflussnahme des Papstes durch Konrad von Marburg. Durch die Gelübde Elisabeths

und ihre Zuwendung zu Konrad, hatte dieser letztlich die volle Vormundschaft über sie und damit auch über den künftigen, noch minderjährigen Landgrafen Hermann.

Ihr Schwager Heinrich entzog ihr in seiner ersten Handlung die Ländereien und die Einkünfte, die Ludwig seiner Gemahlin zugesichert hatte. Ihr wurde lediglich zugestanden, an der landgräflichen Tafel zu speisen. Bisher hatte Ludwig IV. seine Ehefrau Elisabeth vor den Anfeindungen und der Missgunst seiner Verwandten und den Vertretern des Ludowingischen Hofes bewahrt. Mit seinem Tode war Elisabeth nun diesen Anfeindungen ganz und gar ausgesetzt. Ein solches unwürdiges Leben aber wollte Elisabeth keinesfalls führen.

»Ach, mein geliebter Ludwig. Warum musstest du mich so früh verlassen?«

Welch´ köstlich Brot in meinem Korb,
ich trage zu den Armen fort.

Ich soll's nicht tragen in den Ort,
doch die Armen warten meiner hier wie dort.

Zu ihnen muss ich immerzu,
sonst gibt mein Herz mir keine Ruh.

Nicht nur um Brot es sich in meinem
Korbe handelt,
schnell zu Rosen hat es sich gewandelt.

Den Armen muss ich´s bringen hier,
schließlich sei ich Gottes lieblich' Zier.

Drum möchte ich geben alles von mir,
an nichts soll's fehlen Dir!

Martina Giese-Rothe

Das Verlassen der Wartburg bereitete Elisabeth mit Sorgfalt vor. Sie nahm nur das Nötigste für sich und die Kinder mit, als sie gemeinsam mit ihren drei Kindern und ihren engsten, vertrautesten Dienerinnen von der Burg ging. In dieser Nacht ließ sie von den Franziskanern ein lautes, wohlklingendes "Te Deum" singen.

Doch Elisabeth hatte sich den Weggang vom Hofe leichter vorgestellt. Überall wo sie anklopfte und um Unterkunft und Hilfe bat, wurde ihr nur Unverständnis, Spott, Hohn, Ablehnung und Missachtung entgegengebracht.

"Liebe Frau, würden sie mich mit meinen Kindern und Dienerinnen bei Ihnen aufnehmen, wenn auch nur für kurze Zeit?" fragte sie an einer Tür bei wohlhabenden Eisenacher Bürgern, die Elisabeth kannte und die oft bei ihnen am Fürstlichen Hofe waren. „Leider geht das nicht, mein Mann würde das nicht dulden. Warum sind sie überhaupt vom Hofe gegangen? Sie waren dort gut versorgt!" entgegnete ihr die Frau und schlug die Türe zu.

So wusste Elisabeth nicht, wo sie den Winter und die kalten Nächte verbringen sollte und kam schließlich in einem Stall einer ehemaligen Gaststätte unter. Der Winter wurde kalt und es reichte mit der Versorgung kaum für sie, ihre Kinder und die Dienerinnen.

Dies aber entsprach dem Leben, welches Elisabeth sich vorstellte. Sie hatte den Wunsch, von Haus zu Haus zu ziehen, zu betteln und in völliger Armut zu leben. Doch mit den vielen Erniedrigungen und Gemeinheiten der Leute hatte sie nicht gerechnet, nahm dies aber gerne als ihr Schicksal an, da es ihrem angestrebten Ideal entsprach.

Konrad von Marburg, ihr Beichtvater, den Ludwig für Elisabeth wegen seiner hohen Bildung, seiner Redegewandtheit und seinem sicheren Auftreten auserwählt hatte, lehnte jedoch dieses Leben von Elisabeth ab und legte ihr nahe, sich an das religiöse Witwenleben zu halten.
Dieses würde ein Leben in einem Kloster oder ein Leben als Klausnerin vorsehen.
Ein solches Leben konnte sich Elisabeth allerdings nicht vorstellen und lehnte dieses somit ab.

So kam es zwischen ihr und Konrad von Marburg zu einem Konflikt. Konrad von Marburg wandte sich an Papst Gregor IX. und konnte erwirken, dass dieser für Elisabeth einen Schutzbrief ausstellte. Dieser beinhaltete u. a.: Wer sich nicht an die Anweisungen des Papstes und damit an die Konrads hält, dem drohe der Ausschluss aus der Kirche.

Die Lage von Elisabeth verschlechterte sich mehr und mehr. Doch bevor Konrad von Marburg etwas erreichen konnte, schaltete sich die Tante mütterlicherseits, Äbtissin Mechthild von Kitzingen, ein. Sie konnte nicht mehr länger zusehen, wie Elisabeth mit ihren Kindern in solcher Armut lebte. Elisabeth weigerte sich jedoch, freiwillig mit nach Bamberg zu gehen.

»Um mich muss sich niemand sorgen, dies ist das Leben, das ich mir wünsche. Für die Armen und Kranken muss ich da sein, sie brauchen mich.«

Im April 1228 reiste Äbtissin Mechthild im Auftrag ihres Bruders Bischof Eckbert nach Eisenach und brachte ihre Nichte mit deren Gefolge zunächst nach Kitzingen in ihr Kloster, ohne dabei Rücksicht auf Elisabeths Bindung an Konrad von Marburg zu nehmen. Elisabeths Tochter Sophie (die spätere Herzogin von Brabant) blieb in Kitzingen und wurde von ihrer Großtante Mechthild im Kloster erzogen. Elisabeth wurde schließlich doch gegen ihren Willen zu ihrem Onkel, dem Bischof von Bamberg, gebracht.
Bei ihrer Ankunft begrüßte sie ihr Onkel Bischof Eckbert von Bamberg: »Elisabeth, meine Liebe, ich freue mich darüber, dass du gekommen bist. Wie geht es

dir?« Daraufhin entgegnete ihm Elisabeth »Mein lieber Onkel, mir geht es gut. Du wolltest, dass ich zu dir komme. Aber warum? Mir hat an nichts gefehlt.« »Dir ist bestimmt bewusst, aus welchem Hause deine Herkunft ist. Es ist für dich nicht angemessen, ein solches Leben zu führen.«, erwiderte Eckbert von Bamberg.

Man sah ihm an, dass er für diese Lebensweise, die Elisabeth für sich gewählt hatte, kein Verständnis zeigte. »Ebenso ist es nicht angemessen, dass so viele Menschen in Armut und Krankheit leben und damit alleine gelassen werden« antwortete Elisabeth. Dabei lächelte sie ihren Onkel an.

Dieser ließ sich aber davon nicht beeindrucken und war von seiner Meinung nicht abzubringen, dass es sich für eine Königstochter nicht gehörte, sich selbst mit den Armen, den Mittellosen und Bettlern auf eine Stufe herunter zu stellen. Ihr Onkel wollte sich mit den Argumenten von Elisabeth nicht zufriedengeben: »Du hast drei Kinder, auch für sie hast du Verantwortung zu tragen.« Auf dieses Gespräch folgten noch viele weitere, allerdings blieben sie alle ohne Ergebnis.

Elisabeth war nicht in ihrer Meinung zu beeinflussen. Sie hatte bedingungslosen Gehorsam in einem Gelübde in der Franziskanerkirche zu Eisenach in

Anwesenheit ihres Beichtvaters, Konrad von Marburg, abgelegt und diesem Gelübde blieb sie treu. Alle gut gemeinten Vorschläge und Hilfen, die sie angeboten bekam, lehnte sie stets vehement ab.

»So geht das nicht weiter«, klagte eines morgens ihr Onkel. Er ließ Elisabeth erneut zu einem Gespräch rufen »Elisabeth, ich habe mir erneut Gedanken über deine Zukunft gemacht und bin immer noch der Meinung, dass dieses Leben, welches du anstrebst, nicht standesgemäß für dich und deine Kinder ist. Ich lege dir hiermit eine erneute Vermählung nahe!« Darauf antwortete Elisabeth lange Zeit nicht, sie verstand nicht, weshalb ihr Onkel ihre Entscheidung nicht akzeptieren wollte. Mit den Worten »Wie ich darüber denke, mein lieber Onkel brauch ich dir wohl nicht erklären. »Du weißt es ohnehin.«, verließ sie den Raum.

»Wie kannst du so stur sein? Und das obwohl du die hochgeachtetste Frau des Reiches werden könntest!« rief der Onkel Elisabeth noch nach. Diese Worte aber verhallten und fanden in Elisabeth kein Gehör. Auch Gespräche mit ihren Vertrauten, in der Hoffnung, diese könnten an dem Vorhaben Elisabeths etwas bewirken, schlugen fehl. Ihr Onkel war ratlos und wusste nicht, wie er Elisabeth noch überzeugen sollte.

»Wenn es im Guten nicht geht, muss ich es eben anders versuchen.« Mit diesen Worten ließ er Elisabeth, in der Hoffnung, dass sie hier in Ruhe und in Abgeschiedenheit zur Vernunft käme, auf Burg Pottenstein bringen. Doch Elisabeth war eine ausgeprägte Persönlichkeit, die einen starken Willen besaß. So gutherzig und liebreizend sie auch war, konnte sie dennoch ihren Willen durchsetzen und dabei sehr hart zu sich selbst, als auch zu ihrem Gegenüber sein.

Oh, meine große Liebe Ludwig,
an dir mein Herz so hängt,

auch wenn Gott uns
andere Wege lenkt.

So will ich mein Leben lang
treu dir sein,

mein Herz ist auf ewig und
für immer dein!

Martina Giese-Rothe

Über der Stadt Pottenstein auf einem Bergsporn zwischen zwei idyllisch gelegenen Tälern, landschaftlich wunderschön und reizvoll, steht die stolze Burg Pottenstein. Doch für Elisabeth hatte dies keinen Reiz, war sie doch hier, um über ihr Leben nachzudenken …

»Sooft ich auch noch darüber nachdenke, ich werde in meinem Willen, den Armen zu helfen, nicht wanken, auch wenn mein Onkel dies gerne hätte, ich kann es einfach nicht, es ist mein Streben, Kranken und Bedürftigen zu helfen. Sie brauchen mich. Wenn ich ihnen nicht helfe, sind sie ganz alleine und das geht nicht.«

Das war die erste Reaktion, als Elisabeth auf Burg Pottenstein ankam.

Nach einigen Tagen erkundigte sich ihr Onkel nach ihrem Wohlbefinden, in der Hoffnung, dass Elisabeth schon etwas an ihrer Meinung geändert habe.

Doch Elisabeth konnte ihrem Onkel keine ihm genehmere Nachricht zukommen lassen. »Sagen sie ihm, mir geht es gut. Es würde mir aber besser gehen, wenn ich bei meinen Kranken wäre. Sie brauchen mich.« Als man dem Bischof von Bamberg diese Worte überbrachte, reagierte er zunächst noch sehr gelassen: »Naja, haben wir doch noch einige

Zeit und vor allem brauchen wir sehr viel Geduld mit Elisabeth. Wir können nur beten, schon wegen ihrer Kinder, dass sie doch noch zur Vernunft kommt. Ansonsten müssen wir wohl eine andere Lösung finden.« So ließ er Elisabeth zunächst für einige Zeit in Ruhe.

Wiederholt ließ er sich berichten, in welcher Verfassung sich Elisabeth befinden würde und ob sich ihre Stimmung gebessert hätte. Aber immer wieder bekam er dieselben Antworten ausgerichtet.
Darauf reagierte ihr Onkel mit noch stärkerem Druck. Doch auch damit sollte er sich geirrt haben.
Bei der nächsten Gelegenheit sprach Elisabeth zu ihrer Vertrauten: »Richte folgendes meinem Onkel aus, und sage ihm, dass es mir sehr ernst damit ist.«
So kam es, dass diese zum Bischof ging und ihm ihre Worte, wie aufgetragen, übermittelte: »Bevor ich mich dazu entscheide, noch mal zu heiraten, werde ich mir meine Nase abschneiden, sodass ich so hässlich und entstellt bin, dass kein Mann auf dieser Welt mich je mehr als Frau möchte.«
Als der Bischof von Bamberg diese Worte hörte, wurde er kreidebleich und schaute ganz lange auf die Vertraute von Elisabeth. Diese fügte noch hinzu: »Ich kenne Elisabeth sehr gut und weiß, dass sie

diese Worte nicht einfach so sagt, sie würde dies auch tun, es ist ihr sehr ernst damit«.

Außer einem verlegenen: »Danke, sie können gehen.« brachte Eckbert von Bamberg keinen Ton heraus. Ihm war es anzusehen, dass er darüber sehr erschrocken war, hatte er doch nicht mit einem solchen Verhalten gerechnet. Mit zitternden Knien ließ sich er sich auf dem nächsten Stuhl nieder. Was würde jetzt werden? Was sollte er noch tun? Er war sichtlich ratlos. Auch eine Rücksprache mit ihrer Tante Mechthild von Kitzingen, erbrachte für ihn keine neuen Erkenntnisse, denn diese war genauso ratlos und wusste nicht, wie man Elisabeth diesbezüglich noch anders beeinflussen konnte. So entschlossen sie sich, Elisabeth vorübergehend noch einige Zeit auf Burg Pottenstein zu lassen.

In dieser Zeit bekam ihr Onkel die Nachricht überbracht, dass der Leichenzug mit den Gebeinen von Ludwig IV. auf dem Weg von Italien bald an Bamberg vorbeikäme, um diese nach Reinhardsbrunn in Thüringen zu überführen.

Auch Elisabeth bekam diese Nachricht zugetragen. Weinend bat sie ihren Onkel darum, dass sie mit ihrem geliebten Ludwig nach Thüringen ziehen darf, um ihrem Ehemann das letzte Geleit zu geben und um an den Trauerfeierlichkeiten teilnehmen zu können.

lm Mai 1228 war es dann soweit. Elisabeth schloss sich dem Leichenzug an, als dieser Bamberg erreichte.

Bild 5: Bamberger Dom - Ausschnitt eines Gemäldes von Wolfgang Katzheimer (15. Jh.)

Hier in Bamberg, im „Neuen Dom" (Ekbertdom, der alte Dom brannte 1181 ab und wurde dann ab ca. 1190 abschnittsweise neu errichtet und am 6. Mai 1237 feierlich eingeweiht) wurde der Schrein Ludwig IV. feierlich aufgebahrt und Elisabeth der Ring ihres Ehemanns, Ludwig IV. übergeben.

Schweren Herzens folgte Elisabeth dem Leichenzug, hatte sie sich doch ein anderes Leben für sich und ihren Ludwig vorgestellt. Aber Elisabeth klagte nicht, sie nahm das Schicksal so an, wie Gott es ihr auferlegte und trug es mit großer Fassung und Würde.

Als sie um Pfingsten des Jahres 1228 das Kloster Reinhardsbrunn erreichten, brach Elisabeth weinend in sich zusammen. Dachte Elisabeth doch beim Anblick des paradiesischen Tales unweigerlich an die glücklichen Kindheitstage, die sie hier zusammen mit ihrem Ludwig verbrachte.

Reinhardsbrunn war das Hauskloster und die Grablege der Ludowinger.
Blickte sie rechts neben dem Eingangstor über die Weite der saftigen Wiesen, vermeinte sie ihren Ludwig in der Ferne zu sehen, wie er mit ihr oftmals die

von ihr geliebtes Ponyrennen veranstaltete. Als einmal ihr Pony nicht weiterlaufen wollte, da ritt Ludwig lachend hinter sie, versetzte dem störrischen Viech einen Klaps auf das Hinterteil und sofort sprang es los und Elisabeth gewann das Rennen ... wie so oft lies Ludwig, damals schon ein ansehnlicher Jüngling, sie gewinnen und erfreute sich an ihrem unbeschwerten, kindlichen Lachen. Elisabeth war schon als kleines Kind eine sehr gute Reiterin und machte eine gute Figur im Sattel, wohl weil es ihr als gebürtige Ungarin im Blut lag. Elisabeth konnte durchaus reiterlich mit allen Knappen und Höflingen konkurrieren.

Zwei Schritte weiter fiel ihr Blick auf den Teich in dessen Wasser sich der strahlend blaue Himmel wiederfand. Sie erinnerte sich, dass sie an einem wunderschönen sonnigen Tag am Teich saß. Sie hatte Blumen gepflückt und band daraus einen Blumenkranz. Plötzlich bemerkte sie Ludwig auf der anderen Seite des Sees. Sie konnte trotz der Entfernung seine strahlenden Augen sehen. Ihr war es durchaus bewusst, dass Ludwig sie sehr bewunderte. Eine Zeitlang schauten sie sich nur an. Nach einer schier unendlichen Zeit schlug die Turmuhr, die sie beide aus ihrem Zauber riss. Elisabeth hob ihren Arm und winkte Ludwig zu. Dieser rief zu ihr herüber: »Hallo, meine geliebte Schwester!« Elisabeth lachte und entgegnete: »Mein Bruder, wer von uns beiden wohl zuerst an der Kapelle ist?« Schon rannten beide los und trafen sich an der Pforte des Klosters. Hier umarmten sie sich. In diesem Moment hörten sie ein Räuspern. Sie ließen voneinander los, drehten sich um und erblickten Bruder Martin.

Er lief kopfschüttelnd an ihnen vorbei. Elisabeth und Ludwig mussten über Bruder Martin lachen. Bruder Martin war ein herzensguter Mönch. So wie er aussah, stellt man sich einen guten Mönch vor. Die Mönchskutte hing vorne wegen seines dicken Bauches weit herunter und schliff am Boden, so dass er bei jedem Schritt Gefahr lief zu stolpern.

Wenn sich Elisabeth mit Ludwig hier im Hauskloster in Reinhardsbrunn aufhielt, waren das für beide wunderschöne Tage. Es war eine unbeschwerte Zeit die sie hier auf den Wiesen der Vorhöfe, zusammen mit anderen Kindern der Gutsleute oder mit gleichaltrigen Schülern der Klosterschule verbringen konnten. Elisabeth und Ludwig hielten sich gerne im Münster des Klosters oder im Spital und dem Gasthaus für die Pilger auf, wo sie die vielen Trostsuchenden beobachteten. Wurden sie dann von Bruder Raphael, dem Koch im Kloster, zum Essen gerufen, beschwerte sich dieser immer über ihr Aussehen:

»Wo seid ihr nur gewesen, oft musste ich euch rufen … und wie ihr ausseht, ihr wart wohl wieder in den Stallungen bei den Tieren, ihr seht beide aus, als wärt ihr unsere Stallknechte. Geht euch die Finger waschen und kommt wieder bevor das Essen kalt ist.«

Ach, zu stark waren die Erinnerungen. Elisabeth konnte die Tränen nicht stoppen. Niemand konnte sie trösten und es wagte keiner sie in diesem Moment anzusprechen, war doch allen bewusst, was Elisabeth empfand, wie groß ihr Schmerz war und was es für sie bedeutete, ihren geliebten Ludwig hier mit dem Leichenzug und Gefolge zu Grabe zu tragen.

Trotz ihrer schwierigen Situation hatte man es ihr nicht leicht gemacht. Elisabeth bekam die Ablehnung ihrer Verwandtschaft selbst im größten Schmerz zu spüren. Sophie von Thüringen schlug vor, ihren Sohn neben seinem Vater im Katharinenkloster in Eisenach zu bestatten. Ihr Schwager, Heinrich Raspe, ergriff sofort die Gelegenheit, um Elisabeth zeigen zu wollen, dass sie keine Rechte mehr habe: »Du musst einsehen, dass du unserem Wunsch, ihn neben unserem Vater zu Grabe zu legen, akzeptieren musst«, ließ er ausrichten. Doch Elisabeth setzte ihren Willen durch, dem Wunsch von

Ludwig IV. zu entsprechen. Zum einen galt das Kloster Reinhardsbrunn als Grablege der Ludowinger, zum anderen waren die Erinnerungen an die glücklichen Kindheitstage hier im Tal viel zu groß. Ihr Ehemann hatte vor dem Aufbruch zum Kreuzzug entsprechende Anweisungen für den Fall seines Ablebens gegeben. Elisabeths Herz hing an Kloster Reinhardsbrunn und dem kleinen Flecken mit all seinen Vorhöfen.

«Hier bist du gut geborgen und findest in unserem geliebten Kloster deine verdiente letzte Ruhe, mein geliebter Ludwig.»

»Welch´ Schmerz ich auch empfinde,

doch ewiglich ich mich an dich binde.

Ruhen sollst du hier in Reinhardsbrunn

bis auch ich meine Ruhe finde, neben dir.

Mein Herz gehört nur dir allein,

wollen wir doch auch im Tode

innig miteinander verbunden sein.

Bis zum Tod, noch im Tod,

bis in alle Ewigkeit bin ich für immer dein,

wir sollen immer zusammen sein.«

Martina Giese Rothe

Doch auch nachdem Ludwig IV. von Thüringen bei-
gesetzt worden war, versuchte Heinrich Raspe Elisa-
beth so schnell wie möglich ganz abzuschieben.
Hierbei kam es zu einem großen Konflikt, da ihr die
Witwengüter verwehrt wurden, obwohl die Ge-
treuen Ludwigs für die Rechte Elisabeths eingetreten
waren, konnte erst durch das Eingreifen von Konrad
von Marburg in der Woche nach der Beisetzung in
Reinhardsbrunn eine Beilegung der Streitigkeiten er-
wirkt werden.

So kam es, dass Elisabeth von Thüringen eine Ent-
schädigung vom Hofe der Ludowinger erhielt:

Diese bestand aus 2.000 Silbermark und Ländereien
bei Marburg zur lebenslangen Nutzung.

Zwei der Kinder Ludwigs IV., verblieben weiter am
Hofe:

Hermann II. trat in die standesgemäße Erbfolge ein.
Er stand aber bis 1239 unter Vormundschaft seines On-
kels Heinrich Raspe. Im selben Jahr heiratete er Helene
von Braunschweig-Lüneburg, Tochter von Otto I. „dem
Kind", Herzog von Braunschweig und Lüneburg.

Gertrud verblieb weiter am Thüringer Hof.
Mit zwei Jahren (oder mit 4 Jahren) wurde sie in das Kloster Altenberg bei Wetzlar gegeben. Ab 1248 war Gertrud die Meisterin dieses Ordenskonvents in Altenberg. Sie veranlasste die Gründung von zwei Siechenhäusern, in denen man sich um die Betroffenen kümmerte. Gertrud starb im Alter von 70 Jahren. Sie brachte das wertvolle Armreliquiar ihrer Mutter, der heiligen Elisabeth, ins Kloster Altenberg. Heute befindet es sich bei den Fürsten zu Sayn-Wittgenstein-Sayn, den Nachfahren der heiligen Elisabeth, in Bendorf

In Marburg baute Elisabeth ihr drittes Spital, welches schon Anfang des Winters 1228 die ersten Kranken aufnehmen konnte. Als Patron für ihr Spital wählte Elisabeth den kurz zuvor heiliggesprochenen Franz von Assisi.

Sie selbst arbeitete als einfache Spitalsschwester im **„grauen Gewand"**.

„soror in Saeculo"
- Schwester in der Welt-

Es zeigt an, dass sie sich im geistlichen Stand befand.

»Ein Spital in Marburg

für meine Kranken,

ich werde nie in meinem

Glauben zu Gott wanken.

Meine Dankbarkeit wird,

wie die Rosen,

zu ihm nach oben ranken.

Immer will ich dienen

und Gott dafür danken.«

Martina Giese-Rothe

Im Laufe der folgenden Jahre entwickelte sich Reinhardsbrunn zu einem beliebten Wallfahrtsort. Insbesondere nach dem Tod von Elisabeth berichteten die Menschen immer wieder von Wundern und seltsamen Geschehnissen am Grab von Ludwig IV. Viele Kranke zogen zu dem Grabe des Gemahls von Elisabeth von Thüringen, in der Hoffnung, er würde ihnen durch seine Fürbitte bei Gott helfen, von ihren Leiden befreit zu werden.

So wurde Ludwig schon bald als Heiliger angesehen, obwohl er offiziell nicht von der Kirche heiliggesprochen wurde. Für das Volk aber bedeutete dies Folgendes:

VOX POPULI – VOX DIE

- Die Stimme des Volkes ist die Stimme Gottes -

Dass Ludwig vom Volke so verehrt wurde, mag zweifelsfrei in Zusammenhang mit seiner berühmten, beliebten und sehr früh heiliggesprochenen Gemahlin stehen.

Für das ehemalige Kloster und heutige Schloss Reinhardsbrunn sind folgende Tage etwas Besonderes:

Der **15. August** – Marä Himmelfahrt, auch der Namenstag der „Königin-Mutter Maria", auch genannt „Jungfrau Maria" und wohl auch Tag der **Weihe des Klosters Reinhardsbrunn**.

In der römisch-katholischen Kirche werden an diesem Fest weitverbreitet Kräuter gesegnet. Schon in Urkunden des 14. Jahrhunderts heißt es etwa „Unserer Lieben Frauen Wurzelweihe". An diesem Tag beginnt traditionell auch der zum Einsammeln von Heilpflanzen als besonders geeignet angesehene Frauendreißiger.

Der **11. September,** der Todestag von Elisabeths Ehemann, ist unser regionaler Gedenktag an Ludwig IV. Zur letzten Ruhe wurde er hier in Reinhardsbrunn an Pfingsten 1228 gebettet.

Der **19. November** ist der Gedenktag für Elisabeth von Thüringen. Dies ist ihr Todestag und mit der Heiligsprechung festgelegte Gedenktag.

Heinrich, der Sohn ihrer Tochter Sophie, wurde erster Landgraf von Hessen – Elisabeth gilt daher neben ihrer Tochter auch als Stammmutter des hessischen Fürstenhauses.

Bild 6: Darstellung der Landgräfin Elisabeth von Thüringen

Was von Elisabeth bekannt ist – eine Betrachtung

von Peter Köllner

Sie war das zweite Kind und die erste Tochter des ungarischen *Königs Andreas II.* (* um 1185; † 21. Juni 1235 in Ofen) der mit Gräfin *Gertrude von Andechs-Meranien* (* um 1185 in Andechs; † 28. September 1213 im Wald Pilis) verheiratet (vor 1203) war.

Elisabeth wurde am 07. Juli 1207 geboren. Über das Datum besteht Konsens in den verschiedenen bekannten Quellen. Laut der von mir derzeit benutzten Geschichtsquellen war der genauere Zeitpunkt, bei sternenklarem Himmel, am Abend des selbigen Tages. Zumindest berichtet davon die Legende um den „Sängerkrieg" oder wohl eher dem Sängerwettstreit auf der Wartburg. Darauf werde ich nachfolgend noch einmal eingehen.
Der Name Elisabeth kommt aus dem hebräischen und bedeutet: *Gott ist Fülle*.

Der Geburtsort von Elisabeth wird heute im Allgemeinen auf **Burg Sárospatak** verortet.
Vieles ist im Nebel der Vergangenheit verloren gegangen.

Meine Recherchen zum Ort der Niederkunft von Elisabeths Mutter versuche ich nachfolgend zu verdeutlichen.

Wo wurde Elisabeth geboren?

Betrachten wir hier das Heimatland Ungarn von Elisabeth in jenen Zeiten, so gab es viele Veränderungen, die es schwierig machen, Genaueres in Erfahrung zu bringen. Einen großen Anteil am Verlust von ehemals vorhandenen Geschichtsquellen, hatte auch die lange Zeit der Herrschaft der Osmanen. Damals gingen viele Dokumente aus der Zeit des Bestehens des ungarischen Königsreiches verloren. Diese können nur sehr aufwendig aus Quellen von außerhalb des alten Ungarns rekonstruiert werden.

Mit der Schlacht von Mohács 1526 gegen die Osmanen verlor Ungarn durch den Tod König Ludwigs II. und eines großen Teils des Adels seine Autonomie. Fast ¾ der Landfläche Ungarns wurden osmanisch. Siebenbürgen, das heute zu Rumänien zählt, wurde ein Vasall der Pforte. Der Rest, ein schmaler Streifen im Westen, Oberungarn und Westkroatien, wurde habsburgisches Herrschaftsgebiet. Das alte Ungarn blieb infolge für ca. 150 Jahre das Schlachtfeld zwischen den Osmanen und den Habsburgern. Die Gebiete wurden regelrecht entvölkert. Nach dem Sieg der Habsburger gegen die Osmanen in 1683 in Wien (mit deutscher und polnischer Unterstützung) und dem Rückgewinn der alten ungarischen Gebiete, wurden diese später wieder neu besiedelt.

Das Königreich Ungarn gab es ab etwa dem Jahr 1000. Es entstand im heutigen Westungarn und dehnte seinen Herrschaftsbereich in den darauffolgenden Jahrhunderten auf das Gebiet des gesamten heutigen Ungarns einschließlich von Siebenbürgen aus.

Budapest in seiner heutigen Form gab es noch nicht. Wie sah die Region des heutigen Budapests zur Zeit der Geburt von Elisabeth wohl aus?

Beschreibung der Region Budapest vor seiner Zeit

Ein, wenn auch, nur grobes Bild, ergibt sich aus dem zusammengetragenen Wissen von Kubinyi und Vahot. (Quelle: Ungarn und Siebenbürgen in Bildern – Erster Band – (aus dem Ungarischen übersetzt), Verleger und Redakteure: Franz von Kubinyi und Emerich von Vahot, Pest, 1854, s. 22 ff)

Unter der Regierung des römischen Kaisers Flavius Bespastanus ließ sich die 2. Legion in der Gegend vom späteren Altofen nieder. In Folge entstand das berühmte Aquineum, auch Acineum - Wasserstadt - genannt. Auf der entgegengesetzten Seite, in Pest, entstand das Transuineum. In der gesamten Umgebung entstanden Bollwerke, Befestigungen und Niederlassungen. Überreste derselben sind auch heute noch immer wieder zu finden. Durch den ältesten Helden des hunnischen Ungarenstammes, durch Atilla, wurde die Gegend, einschließlich Aquineum, eingenommen. Seitdem wurde es auch nach dem großen Helden **Etzelburg** (Etelvár) für längere Zeit benannt. Ezelburg fiel später an Fürst Árpád. Unter der Regierung des St. Stefan und dessen Nachfolgern erblühte Etelvár und sein Umfeld. Etelvár bekam unter Adalbert II. den Namen Buda, Budavár (Festung Ofen). Zuvor gab es viele Gründungen von Kirchen und Klöstern. An der Stelle der heutigen inneren Stadt Pest's muss schon in ältesten Zeiten eine Festung oder Stadt bestanden haben. Das geht aus den vorgefundenen Ruinen römischer Bäder deutlich hervor. Unter Stefan dem Heiligen ließen sich deutsche Auswanderer in Ungarn, vor allem im Gebiet Siebenbürgen, nieder. …

Während der Herrschaft von König Andreas II. kommt es zu ernstzunehmenden Machtverschiebungen. So tritt zunehmend privater Grundbesitz auf und auch einzelne Abkömmlinge der Arpadendynastie (des Adels) begannen vom König unabhängigen Grundbesitz sowie eigene Machtstrukturen aufzubauen.

Die Hauptstadt Ungarns war zur Zeit der Geburt von Elisabeth *Esztergom* [ˈɛstɛrgom] (lateinisch *Solva*, deutsch *Gran*, slowakisch *Ostrihom*, latinisiert *Strigonium*). **Estergom** (dt.) war vom 10. bis zur Mitte des 13. Jahrhunderts die Hauptresidenz des Königreichs Ungarn. Die Donau bildet hier heute die Grenze zur Slowakei. Preßburg (heute Bratislava in der Slowakei) war seinerzeit eine weitere wichtige Residenzstadt des Königreichs Ungarn.

Wenn es um den klaren Beleg für den Geburtsort von Elisabeth geht, so werden wir diesen kaum finden können. Die Geschichtsschreiber sind sich hier, wie so oft, etwas unschlüssig. Das liegt wohl neben den Verlusten an historischen Aufzeichnungen während der Zeit unter der Herrschaft der Osmanen, auch am großen zeitlichen Abstand zum Ereignis.

DIE FESTUNG OFEN,
zu König Mathias Zeiten im 15ten Jahrhundert.

Bild 7

Die Quellen

Hormayer´s Taschenbuch pro 1822, S.211 und andere Quellen, die aufeinander aufbauen, verlegen die Geburt von Elisabeth v. Thür. und Ungarn nach dem Königsschloss **Sáros Nagy - Pátak** (dt. Schlammbach). Über diese Angabe geht auch Montalembert hinweg. Er benennt eine Urkunde – Königs Ladislaus IV. von Ungarn vom 23. Mai 1272 *(im Cod. Dipl. Hungariac des G. Feger Tom. V. Vil.II. p. 95 ff.)*: *„Ad haec cum praedictus avus noster transmissa armatorum multitudine primum nos et Dominam reginam matrem et sororcs nostras carissmas de Castro Patak eduei feceral et extrahi; et exinde patrem nostrum investigari faciebat etc."* mit einem bedeutenden Hinweis.
Anm. > Es geht wohl um die Zeit kurz vor der Niederkunft

Übersetzung ins Dt.: *„Aus diesem Grund wurden wir, die Dame, die Königinmutter und unsere Schwestern, als unser oben genannter Großvater eine große Anzahl bewaffneter Männer ausgesandt hatte, zuerst **aus der Burg von Patak** geholt und **fortgebracht**; und von da an veranlasste er, dass gegen unseren Vater ermittelt wurde usw."*

In den „Annales Reinhersbrunnenses"(a.a.O. S.111) gibt es weitere Hinweise, die den derzeit benannten Geburtsort an anderer Stelle vermuten lassen. Dieser lautet: „*nata est in castro prope Etzeborg et ibedem st monasterium, in quo inhabitant ducente virgines, et in eo habetur pes unus de sancta Maria Magdalen, ad unum miliare vel quasi at Buda etc.*"

Anm. > ... eine eindeutige Aussage! Übersetzung ins Dt.: „*Sie wurde in einem Schloss in der Nähe von Etzeborg (Blindenburg - Egelburg - Altofen) und einem Kloster am selben Ort geboren, in dem zweihundert Jungfrauen leben, und darin befindet sich ein Fuß der heiligen Maria Magdalena, etwa eine Meile von Buda usw. entfernt.*" Eine Meile (deutsche Meile) bezieht sich hier in der Regel auf die Strecke, die ein Reiter mit seinem Pferd bei mittlerem Tempo in einer Wegstunde zurücklegt >> ca. 7,5 km

Schlussfolgerungen zum Geburtsort

Etzeborg erscheint mir sprachlich sehr nahe am Begriff **Etzelburg** angelehnt zu sein und ist wohl sprachlich nur leicht abgewandelt so vermerkt worden.

Ein weiteres Indiz ist m. E. die Tatsache, dass der **Taufort Ofen** in unmittelbarer Entfernung zum möglichen Geburtsort Etzeborg läge.

Gelänge es, den Namen des zuvor erwähnten sehr ansehnlichen Nonnenklosters nachzuweisen, so würde sich möglicherweise auch die genannte Burg im heutigen Großraum von Budapest finden lassen. Ein weiterer Ansatz tiefergehender Recherchen ergibt sich aus der, im besagten Frauenkloster aufbewahrten, Reliquie der Hlg. Maria Magdalena. Tatsächlich korreliert dieser Hinweis mit der Aussage zu den in „Saint-Maximin-la-Sainte-Baume" im Südosten von Frankreich bestatteten und verehrten Reliquien von Maria Magdalena.
(Quelle. CNA-Deutsch, Artikel „Maria Magdalena – Die Legende über ihre Reliquien" vom 22.07.2022)

Es geht aus alldem Aufgeführten hervor, dass Posony (Preßburg, heute Bratislava) **nicht** der Geburtsort ist. *Möglicherweise ist es **auch nicht** das heutzutage angenommene Sáros-Patak.*

Quelle: Dr. utr. Jur. Christian Haeutle, Landgraf Herman I. von Thüringen und seine Familie, Jena, Verlag Friedrich Frommann, 1862, S. 144 ff –S.147 bezüglich des Geburtsortes-

Quelle: Vita Ludivicus (lat.) > Das Leben des Heiligen Ludwig nach der lateinischen Urschrift übersetzt von Friedrich Ködiz von Saalfeld, S. 15

Quelle: Thüringische Geschichte – Aus den Handschriften D. Caspar Sagittarius gezogen, bey Johann Christoph Stößel, 1772, Chemnitz, S.576 (für das Sterbejahr und daraus resultierend das Geburtsjahr)

Elisabeths Taufe

In **Ofen** (Quelle: Graf Montalembert, Geschichte der Heiligen Elisabeth von Ungarn, Verlag von J.M. Heberle, Köln, 1864, S. 7-8) erfolgte auch die Taufe von Elisabeth. Wichtig ist meines Erachtens zu wissen, dass die Taufe in einem sehr engen zeitlichen Verbund zur Geburt zu sehen ist. Zwischen Preßburg und Ofen aber liegen ca. 200 km (ca. 27 dt. Meilen) Wegstrecke. Zwischen Sáros Nagy-Pátak und Ofen sind es sogar ca. 250 km (ca. 33 dt. Meilen).

Elisabeths Familie

Der Vater König Andreas II. von Ungarn

Andreas II. (ungarisch András, kroatisch Andrija II.) aus dem Geschlecht der Arpaden war 1205–1235 König von Ungarn und Kroatien.

Sein Vater war Béla III. Seine Mutter war Agnes de Châtillon.

Die Herrschaft durch die katholischen Ungarn, deren Vertreter Andreas II. war, wurde vom ungarischen Adel und den Orthodoxen nicht anerkannt. Auch verlor er die Unterstützung des polnischen Großfürsten. Dieser beförderte stattdessen einen russischen Anwärter auf die Herrschaft. In mehrere Jahre andauernden Kämpfen wurden die Ungarn aus dem Fürstentum Galizien-Wolhynien vertrieben. Andreas II. gelang es aber 1227 durch seine Heiratspolitik, seinen Sohn Andreas auf den Herrscherstuhl von Halitsch zu bringen. Er ging nach dem Tod seiner ersten Frau noch zwei weitere Ehen ein.

Die Mutter Gräfin Gertrude von Andechs-Meranien

Dietrich von Apolda beschreibt sie mit folgenden Worten: „Sie habe, von männlichem Geist erfüllt, selbst die Staatsgeschäfte geführt."
Die Königin wird in den ungarischen Chroniken oft negativ beurteilt.
Gertrud von Meranien oder Andechs, aus einem der angesehensten Höfe des deutschen Reiches jener Zeit, stammte in grader Linie von Karl dem Großen ab und besaß die schönsten Provinzen im Süden

Deutschlands. Ihr Vater, Berchthold III., war Herzog von Meranien und Kärnten, Landgraf von Istrien und regierender Herr von Tyrol. Ihr Bruder, Berchthold IV., hatte im Jahr 1198 die kaiserliche Krone, welche ihm angeboten wurde, ausgeschlagen. Ihrer Schwester, Hedwig, die seitdem heiliggesprochen wurde, war Herzogin von Schlesien und Polen. Schwester Agnes war die durch ihre Schönheit, als auch ihre Leiden berühmte Gemahlin von Philipp August, dem König von Frankreich.

Am königlichen Hof in Ungarn soll auch Französisch gelehrt und gesprochen worden sein. Somit ist nicht auszuschließen, dass Elisabeth zumindest in Anfängen, Französisch sprach und verstand. (Quelle: J. Ph. Städler, aus dem Französischen übersetzt, des Grafen Charles Forbes de Montalembert, Leben der heiligen Elisabeth von Ungarn, Landgräfin von Thüringen und Hessen, Verlag von Jacob Anton Mayer, Aachen und Leipzig, 1837, S.12)

Als sich König Andreas II. in 1213, auf einem Kriegszug befand, wurde Gertrud von ungarischen Adeligen während einer Hof Jagd im Wald Pilis ermordet. Grund dafür war die Empörung des ungarischen Adels gegen die üppigen Zuteilungen königlicher Ländereien an fremdländische Adlige aus dem Günstling kreis Gertruds.

Hier gehe ich kurz auf die Geschwister von Elisabeth aus der Ehe ihrer Mutter mit Andreas II. ein.

Der Bruder Béla IV.

Béla IV. (* November 1206; † 3. Mai 1270 auf der Haseninsel (heute Margareteninsel) bei Buda) war der Erstgeborene. Er war von 1235 bis 1270 König von Ungarn und als *Bela III.* gleichzeitig auch König von Kroatien sowie von 1254 bis 1258 Herzog der Steiermark.

Der Bruder Koloman

Koloman von Galizien oder Koloman von Halitsch (ungarisch Kálmán, lateinisch Coloman, kyrillisch Коломан; * 1208; † 1241) war ein ungarischer Fürst von Halitsch (1214–1221) und Slawonien (1226–1241). 1214 wurde er in Ungarn, er wurde 1216 noch einmal in Halitsch zum König von Galizien und Lodomerien gekrönt.

Der Bruder Andreas

Andreas von Galizien oder Andreas von Halitsch,

ungarisch András hercég (* um 1210, Königreich Ungarn; † 1233/34, Halitsch, Fürstentum Halitsch) war ein ungarischer Fürst von Halitsch (1227–1229 und 1231–1233).

Die Schwester Maria

Maria (* 1204; † 1237), verheiratet als zweite Ehefrau ab 1221 mit Iwan Assen II., Zar von Bulgarien (* um 1181, 1218–1241)

Es scheint nur natürlich, dass die Staatspolitik des Königs von Andreas II. stark auf das katholisch geprägte Heilige Römische Reich deutscher Nation ausgerichtet war und er sich einer entsprechenden Heiratspolitik verschrieben hatte, die seinen Zielsetzungen entgegenkam. Dazu war er auf der Suche nach einflussreichen und mächtigen Verbündeten. Ein solcher Verbündeter war in jener Zeit Hermann I. von Thüringen.

Unter den Fürsten, die zu Beginn des 13. Jahrhunderts in Deutschland regierten, stach keiner mehr hervor als Hermann I., Landgraf von Thüringen und Hessen und Pfalzgraf zu Sachsen. Sein Mut und seine Fähigkeiten, die er von seinem Vater Ludwig dem Eisernen geerbt hatte, sowie der besondere Schutz des Papstes Innocents III., seine nahe Verwandtschaft mit Kaiser Friedrich II., dessen Neffe er war, mit König Ottokar von Böhmen und den Häusern Sachsen, Bayern und Österreich, die Lage seiner Länder im Mittelpunkt des deutschen Reiches - all dies wies ihm eine große politische Rolle zu. Obwohl er nicht zu den Kurfürsten des Heiligen Römischen Reiches gehörte, bestimmte sein Einfluss ihre Wahl und sein Bündnis wurde als entscheidend für den Erfolg der Kronbewerber angesehen. Auf diese Weise lag mehr als einmal das Schicksal des Reiches in seinen Händen.

Ein Dichter seiner Zeit sagt:
"Ist irgend ein König zu kurz oder zu, lang, daß er dem Reiche und der Welt wenig Freuden verschafft, so nimmt ihm der Herr von Thüringen seine Krone sonder Dank, und gibt sie wem er will." (sic!)

Insbesondere ihm verdankte Kaiser Friedrich II. im Jahr 1211 seine Erwählung.

Nicht alleinig seine Macht war Grundlage seiner achtenswerten Stellung in Deutschland, er zeichnete sich auch durch Großmut, durch eine hohe Bildung und seine enge Verbundenheit zum Christentum aus. Er ging nie zu Bett, ohne vorher einige Stellen, aus der Heiligen Schrift angehört oder selbst gelesen zu haben. In seiner Jugend hatte er in Paris studiert, dem damaligen Hauptsitz der theologischen und weltlichen Wissenschaften. Damals hatte sich offensichtlich seine starke Neigung zur Poesie entwickelt. Während seiner Regierungszeit ließ er die Gesänge der früheren Meister erfassen und Abschriften davon anfertigen. Zu seiner Zeit entfaltete sich die katholische, ritterliche Poesie in Deutschland in voller Blüte in ihrer unsterblichen Schönheit. Obwohl Hermann I. nicht wie Kaiser Heinrich VI. und viele der Adligen seiner Zeit selbst ein Minnesänger war, übertraf ihn doch keiner an Begeisterung für die schöngeistigen Wissenschaften, als auch an Förderung gegenüber den Dichtern. Sie galten als seine ständigen Wegbegleiter zu allen erdenklichen Anlässen. Selbst während der vielen Stürme, die sein Leben bewegten, verleugnete er seine Vorliebe aus jüngeren Jahren nicht.

Walther von der Vogelweide, einer der großen Dichter jener Zeit, singt von ihm: … „die anderen Fürsten seien alle sehr gnädig, aber keiner so großmütig wie er; so sei er allzeit gewesen. Der Thüringer Blume

scheine durch den Schnee, Sommer und Winter blühe sie, wie in den ersten Jahren. ..."
So sind seine Spuren bis heute in der Deutschen Poesie zu finden. Die gesammelten Gesänge haben sich bis auf den heutigen Lag unter dem Titel „der Sängerkrieg auf der Wartburg" erhalten.

Im Zusammenhang mit dem wohl berühmtesten Wettstreit unserer heimischen Geschichte, dem Sängerwettstreit auf der Wartburg im Jahr 1206 schließt sich hier der Kreis hin zu unserer Betrachtung. Um diesen Wettkampf zu einem gütlichen Ende zu bringen, kam es, dass einer der berühmtesten Gelehrten und Dichter dieser Zeit zur Schlichtung nach Eisenach gebeten wurde. Dieser Weise kann, gemäß der Quellen, wohl als ein Universalgelehrter verstanden werden. Er war von „hoher" Herkunft und vertraut mit den „sieben freien Künsten". Diese umfassen im Mittelalter die Gebiete Arithmetik, Geometrie, Musik, Astronomie, Astrologie, Mechanik und Medizin. Gleichwohl war er gebildet in Alchemie (schwarze Kunst), der Redekunst (Rhetorik), der Dialektik und der Theologie, aber auch der Anwendung dieses Wissens im Alltag.

Er war ein Mann, ganz nach dem Geschmack von Herrmann I.

Seinerzeit lebte Meister (*Magister artium*) Klingsor in Siebenbürgen, dass damals zu Ungarn zählte und er war als Berater in politischen und wirtschaftlichen Belangen an den dortigen Königshof berufen. Dafür soll er 3000 Silber-Mark Jahreslohn bezogen haben. Auch der König von Österreich war ihm verbunden. Der wirkliche Name des Meisters ist bisher nicht bekann. Der Name Klingsor (auch: *Klingsohr, Clinschor, Klinschor, Klingesor* oder *Klinsor*) ist ein Synonym, das sich auf seine Kenntnise der Wissenschaften und „Magie" beruft und auch von Wolfram von Eschenbachs im mittelhochdeutschem Versroman Parzival Verwendung fand.

Meister Klingsor handelte mit großer Weitsicht. Als nun zu vorbestimmter Zeit, im Juli 1207, der „Meister Klingsor" genannte, erwartete Gast in Eisenach einkehrte, kam es am Abend des 7. Juli zu einem „sagenhaften Ereignis". Meister Klingsor war in Eisenach bei dem Gastwirt Heinrich Hellgref, links von St. Georgentor, eingekehrt. Bald nach seiner Ankunft ging er in den Hof des Wirtshauses. Hier hielten sich mehrere hessische und thüringische Herren auf, die gekommen waren, um ihn zu sehen, und mit vielen Hofbeamten des Fürsten und ehrsamen Bürgern der Stadt Eisenach, nach der damals hier bestehenden

Sitte, ihren Abendtrunk tranken. Diese waren neugierig darauf, Neues aus aller Welt von ihm zu erfahren.

Klingsor, der sich inzwischen mit den Verhältnissen vor Ort und in Thüringen vertraut gemacht zu haben schien, enttäuschte sie nicht. Nachdem er den Sternenhimmel eingehend betrachtet hatte sprach er zu ihnen: „Ich will euch neue und frohe Kunde sagen: ich sehe einen schönen Stern in Ungarn aufgehen und durch die ganze Welt hinstrahlen. Wisset, heute Nacht wird meinem Herrn, dem Könige von Ungarn, eine Tochter geboren, deren Name Elisabeth heißt. Sie wird dem Sohne eures Fürsten hier zur Gemahlin angetraut und von deren Heiligkeit wird die ganze christliche Welt erfreuet und getröstet werden." (sic!)

Nach der Rückkehr des Meisters an den Hof nach Ungarn, konnte Klingsor wohl das Interesse der Königin am fernen Thüringen wecken.

Für den Thüringer Hof scheint eine Verbindung mit dem ungarischen Königshaus erstrebenswert gewesen zu sein. So kam es, dass Hermann I. im Jahr 1211 eine Reihe von Edelleuten als Brautwerber an den Hof nach Ungarn schickte.

In Folge kam Elisabeth im Alter von 4 Jahren, in Begleitung von 13 jungen Edelfräulein, die als Gefährtinnen gedacht waren und im Laufe der Jahre durch Hermann mit Thüringer Edelleuten vermählt wurden, an den thüringischen Hof. Ihre Mitgift war außerordentlich prunk- und wertvoll, auch zählten einige der besten Reitpferde Ungarns zu ihrer Ausstattung.

Bild 8: Stich aus dem 17. Jh., die Wartburg, wie sie wohl in etwa auch zu Zeiten von Elisabets Ehe ausgesehen hat

Hier sollte sie in der Familie ihres zukünftigen Ehemannes, zusammen mit allen Kindern aus Hermann

I. zweiter Ehe, heranzuwachsen um dementsprechend ihrer späteren Rolle als Landgräfin gerecht zu werden.

Im Kindesalter schon fielen bereits ihre überaus große Frömmigkeit und eine besondere Beziehung zu Gott auf. Elisabeth lebte auf den verschiedenen Residenzen des thüringischen Hofes. Erwähnt werden hierbei in vielen Chroniken die Neuenburg bei Freyburg an der Unstrut, die Ronneburg bei Weißensee, die Wartburg in Eisenach und natürlich nicht zu vergessen die Creuzburg in der Nähe von Eisenach. In Anbetracht dessen, dass das Kloster Reinhardsbrunn als Grablege der Ludowinger genutzt wurde, ist davon auszugehen, dass wenn Ludwig dieses aufsuchte, er von Elisabeth begleitet wurde und sie sich hier ebenfalls öfter aufgehalten hat.

Nur einmal, noch vor der Geburt ihres ersten Kindes in 1222, besuchte sie als junge Frau zusammen mit Ludwig ihre Heimat Ungarn.

Das Leben von Elisabeth wurde im sogenannten Libellus (Libellus de dictis quator anicillarum sanctae Elisabeth confectus) von vier Dienerinnen Elisabeths festgehalten. Diese Dienerinnen waren Guda, die seit ihrem fünften Lebensjahr zusammen mit Elisabeth lebte und später ihre Hofdame wurde. Dies gilt ebenso für Isentrud von Hörselgau. Irmgard und Elisabeth arbeiteten gemeinsam in dem später von Elisabeth von Thüringen gegründeten Marburger Spital.

Als Elisabeth im vierzehnten Lebensjahr war, im Jahre 1221, vermählte sich Ludwig IV. mit Elisabeth, der Tochter des Ungarischen Königs Andreas II., die ihm (dem erstgeborenen Sohn) schon acht (? … zehn Jahre zuvor - richtigerweise 1211) Jahre vorher verlobt (als sichtbares Versprechen beider Höfe einander) worden war. Welcher der beiden Söhne (Hermann oder Ludwig) von Hermann I. das war bleibt im Nebel der Vergangenheit verborgen. (Quelle: Arnold Schloenbach, Tausend Jahre Thüringischer Geschichte. – Ein Buch für schule und Haus, Leipzig, Verlag von Wilhelm Engelmann, 1855, S.200)

Hier meine Zusammenfassung der mir zugänglichen Quellen:

1. Sohn

Hermann (* **vor 1199** od. *1201*; † 31. Dez.1216 oder 1215) Hermann verstarb in Eisenach und wurde hier im Katarinenkloster beigesetzt. Gleichwohl wurde auch sein Vater (im selben Grab wie sein Sohn Hermann) und seine Mutter Sophia hier bestattet. Dass dafür nicht die Grablege im Kloster Reinhardsbrunn genutzt wurde, war im Wesentlichen dem Einfluss von Sophia, der zweiten Gattin Hermann I., geschuldet.

Wann genau Hermann starb ist nicht abschließend geklärt. Andere Quellen berichten sogar von vor dem Ableben seines Vaters Herrmann I., in 1215. Einige Quellen berichten, sein Bruder (Ludwig) erhielt schon frühzeitig die landgräfliche Würde von seinem Vater zugedacht, *„da sein Erstgeborener schwach an Geist und Körper war"*, was nicht beweiskräftig belegt ist.

Zumindest ist gesichert, dass er nicht zur „Succession" (Nachfolge) gelangte und selbst von seinem Vater in einer **Urkunde vom 20. Mai 1216** von als *„zwar noch im jugendlichen Alter befindliche, aber an Geisteskräften gereifte Söhne"* die Sprache ist.
Über Hermann ist nur wenig in den Quellen zu erfahren. Insbesondere bestehen seit langer Zei unterschiedliche Auffassungen darüber, wer wohl der Erstgeborene war.
Die obigen Angaben ergeben meines Erachtens ein

wohl in sich schlüssigste Bild zu seiner Person und weshalb Elisabeth nach Quellenlage an Ludwig IV. versprochen gewesen sein soll.

Quelle: Dr. Heinrich Döring, Der Thüringer Chronik, Erfurt, Expedition der Thüringer Chronik, 1842

https://de.wikipedia.org/wiki/Sophia_von_Wittelsbach#cite_note-1 >> in 1202 (?)

Quelle: Dr. utr. Jur. Christian Haeutle, Landgraf Herman I. von Thüringen und seine Familie, Jena, Verlag Friedrich Frommann, 1862, S. 144 ff –S.31 f. bezüglich Geburtsjahrs und Gesteskraft.

2. Sohn

Ludwig IV. (* 1200; † 1227), 1217–1227 Landgraf in Thüringen, geb.: 28. Okt. 1200

(Quelle: Landgraf Hermann I. von Thür. - Familie, S. 136)

Quelle: Vita Ludivicus (lat.) > Das Leben des Heiligen Ludwig nach der lateinischen Urschrift übersetzt von Friedrich Ködiz von Saalfeld,

Ludwig IV. erhält am 6. Juli 1218 den Ritterschlag in Eisenach

Quelle: Landgraf Hermann I. von Thür. - Familie, S. 137

Landgraf Hermann I. von Thüringen verstarb 1217. Ludwig übernimmt schon kurz vor dem Tod des Vaters in 2017 die landgräfliche Herrschaft und die Vormundschaft über seine Geschwister.

Am Tage des hlg. Bonifaz, 1219, kam Ludwig IV. in Fulda zur Beilegung eines Konflikts mit dem Erzbischof aus der Zeit der Herrschaft seines Vaters Hermann I. zusammen. Bei dieser Zusammenkunft wurde der Landgraf förmlich vom Kirchenbann los-gesprochen und söhnte sich mit seinem Gegner, dem Erzbischof Siegfried von Mainz aus. Als er nun von diesem ersten Feldzuge zurückkehrte, verkündigte er am Hof zu Eisenach, seine Absicht Elisabeth zu heiraten. Dadurch wurden die leidigen Versuche der Höflinge und der Familie, Elisabeth loszuwerden, beendet.

Elisabeth fühlte sich schon sehr früh, ob der Seelenverwandtschaft, zu ihrem „Bruder" Ludwig hingezogen.
Es wird übereinstimmend berichtet, dass die Ehe von Elisabeth und Ludwig eine glückliche Ehe war. Dafür spricht auch, dass sich Elisabeth immer wieder gegen eine Wiedervermählung nach dem Tode ihres Gemahls Ludwig aussprach.

Aus dieser Ehe gingen drei Kinder hervor:

- Hermann von Thüringen (1222 - 1241)
- Sophie (1224 - 1275)
- Gertrud (1227 - 1297), die drei Wochen nach dem Tode ihres Vaters geboren wurde.

Gertrud wuchs im Prämonstratenserinnenkloster auf, dessen Äbtissin sie mit 21 Jahren wurde. Sie wurde im Jahre 1348 seliggesprochen.

Schon im Jahr ihrer Hochzeit ließ Elisabeth ihr erstes eigenes Hospital zusammen mit Ludwig IV. in Gotha erbauen. 1223 wurde es unter dem Namen „Hospital Maria Magdalena" eröffnet.

(Quelle: Stiftungsurkunde des Hospitals Maria Magdalena von Landgraf Ludwig IV., Gemahl der heiligen Elisabeth, Datierung: um 1223 – 1226, Pergament, 16 x 20 cm, Archivportal Thüringen, ... zum Hause des Hospitals zu Gotha gehörend, für die Brüder St. Lazari vom Hause ...;)

Der Bau wird in unmittelbaren Zusammenhang mit Missernten und dadurch bedingten Versorgungsengpässen dieser Zeit gebracht. Das Haus wurde den Lazarittern überstellt und ist damit der Gründungsakt der UrKommende der Lazarus-Brüder in Gotha.

Elisabeth hatte ein bestimmtes Armutsideal, welches sie anstrebte. Sie trug einfache Kleidung, verschenkte sogar ihre kostbare Kleidung und ihren Schmuck. An Gottesdiensten und bestimmten kirchlichen Festen nahm sie barfuß teil. Sie kümmerte sich um Kranke und Bedürftige, sie half selbst in der Pflege in dem von ihrem gegründeten Spital unterhalb der Wartburg mit. Konrad von Marburg wurde im Jahre 1226 Elisabeth als Beichtvater und geistlicher Berater zur Seite gestellt. Er galt als streng und unbarmherzig. Ludwig hatte ihn wegen seiner hohen Bildung und Redegewandtheit ausgesucht. In der Eisenacher Katharinenkirche legte Elisabeth ein Gelübde ab. Dieses beinhaltete den absoluten Gehorsam gegenüber ihrem Beichtvater Konrad von Marburg. Sollte Ludwig vor ihr sterben, versprach sie außerdem die absolute Keuschheit bis zu ihrem Tode, woran sie sich auch hielt, da Ludwig tatsächlich vor ihr verstarb.

Unterhalb der Wartburg hat die hl. Elisabeth 1226 ein Siechenhaus (das zweite Spital) gegründet und hier ihre Werke der Barmherzigkeit ausgeübt.

Im Jahre 1227 brach Ludwig IV. mit einem statthaften Gefolge auf, um am Fünften Kreuzzug teilzunehmen. Elisabeth begleitete ihren Ehemann bis an die Grenze von Hessen. Der Abschied fiel beiden schwer, da Elisabeth zu diesem Zeitpunkt ihr 3. Kind erwartete. Außerdem war die Angst groß. ihren Ehemann nicht wiederzusehen. Ludwig zog über Bayern und Franken weiter nach Italien.

Ludwig IV. verstirbt am 11. September 1227 zu Otrando (Sizilien). Darin stimmen die verschiedenen Quellen überein.
Nach der „Vita Ludovici" verstarb er an Bord seines Schiffes, nachdem er vom Besuch bei der Kaiserin zurück an Bord kam und er sich hier niederlegte. Nach anderen Quellen aber sei Ludwig der IV. an Land in Brindist verstorben. Das wird auch durch Aussagen von Spangenberg und Albericus gestützt.

Eine Erkrankung Ludwigs und des Kaisers, die mit getrennten Schiffen nach Otrando übersetzten,

bahnte sich schon zu diesem Zeitpunkt an. Ein Gift-
mord scheint so relativ unwahrscheinlich als Ursa-
che für den Tod von Ludwig IV. in Frage zu kom-
men.

Die Nachricht vom Tode ihres geliebten Ehemannes
traf Elisabeth schwer, hatte doch Ludwig seine Ehe-
frau von den Anfeindungen und Missgunst seiner
Verwandten geschützt. Da Heinrich von Raspe, der
jüngere Bruder von Ludwig aufgrund dessen, dass
der Sohn von Elisabeth und Ludwig zu diesem Zeit-
punkt erst fünf Jahre alt war, die Regentschaft über-
nahm und Elisabeth die Ländereien und Einkünfte
durch ihn entzogen wurden, verließ sie mit ihren
drei Kindern und ihren Dienerinnen die Wartburg.
Sie lebte danach in absoluter Armut, sodass ihr On-
kel, Bischof Eckbert von Bamberg, sie gegen ihren
Willen nach Bamberg holen ließ. so wie im vorderen
Romanteil beschrieben. Im Mai 1228 entzog sie sich
der Aufsicht ihres Onkels, indem sie sich dem Lei-
chenzug ihres Mannes, der über Bamberg zog, an-
schloss. Ludwig IV. wurde nach Reinhardsbrunn
überführt und hier beigesetzt.
Da gleich während der Trauerfeierlichkeiten und
nach der Beisetzung von Ludwig IV. der

Konflikt des Hofes gegenüber Elisabeth wieder aufbrach, wurde hier in Reinhardsbrunn eine Einigung angestrebt, die letztendlich durch Konrad von Marburg erwirkt werden konnte. Dies belegt eine Urkunde, die im Frühjahr 1126 in Reinhardsbrunn datiert wurde. Da Elisabeth hierbei auch Ländereien zur lebenslangen Nutzung in Marburg zugesprochen bekam, siedelte sie kurz darauf dorthin über. Sie ließ in Marburg ein Spital (das dritte Spital) errichten, welches schon gegen Ende des Jahres die ersten Kranken aufnehmen konnte.

Die Landgrafenwitwe lebte und arbeitete hier bis zu ihrem Tod.

Am 19. November im Jahre 1231, in ihrem 24. Lebensjahr, verstarb Elisabeth von Thüringen, Hessen und Ungarn nach eineinhalb Jahren ihres Wirkens in Marburg in Hessen. Im tiefen Glauben an den Schöpfer schlief sie ruhig ein. Völlig ausgezehrt, verspürte sie nach den Aussagen ihrer Dienerinnen keinen Schmerz, als sie ging.

Ihr Körper lag für vier Tage in der Kapelle ihres Hospitals aufgebahrt. Es wird berichtet, dass er in dieser Zeit keinen Vergang zeigte. Danach wurde sie am selben Ort feierlich beigesetzt.

Den abweichenden Todestagen gegenüber (welche für sie angenommen werden) ist die Cannonisations-Bulle im Tom I. des Magnum Bullarium Romanum (p.78 ff.) allein von maßgebender Entscheidung. § 5 derselben sagt nämlich:

„Universitati vestrae per Apostolica scripta distriele preacipienda mandantes, quantum 13. Kal. Decembris die videlicet quo eadem (St. Elisabeth) mortis absoluta vinculis, victura perenniter, ad fontem supernae proiit volupatis, Festum ejusdem prout miranda ipsus meritorum magnitudo exigit, celebretis et faciatis sollemniter celebrare".

„Anordnung Ihrer Universität, sich an die Apostolischen Schriften zu halten, an dem 13. Dezember Cal. (des laufenden Jahres - 1231), als dieselbe (Heilige Elisabeth) mit den absoluten Banden des Todes, ewig lebend, in die Quelle des Himmels geworfen wurde, das Fest derselben, wie es die erstaunliche Größe ihrer Verdienste erfordert, feiern und feierlich feiern lassen."

Elisabeth hat auch für uns hier in Reinhardsbrunn eine herausragende Bedeutung, hat sie doch hier im Münster in der Zeit um Pfingsten 1228 ihren geliebten Mann, Landgraf Ludwig IV., zur letzten Ruhe gebettet. Hier wurden die Weichen für ihr künftiges Wirken in Marburg im Witwenstand gestellt.

Ihr geistlicher Vormund Konrad von Marburg und der Erzbischof von Mainz beantragten unmittelbar darauf schon ihre Heiligsprechung.

Diese erfolgte aber erst nachdem sich ihr Schwager Konrad direkt an Papst Gregor IX. gewandt hatte, zu Pfingsten 1235 in Perugia.

Auszug aus der päpstlichen Bulle der Heiligsprechung von Elisabeth von Thüringen in Deutsch:

- so schließt die Bulle - ... durch unwiderlegliche Beweise dargethan worden, so habe der Papst, mit Zustimmung seiner Brüder, der ehrwürdigen Patriarchen, Erzbischöfe, Bischöfe und aller andern an seinem Hofe versammelten Prälaten, nach der ihm obliegenden Pflicht, sorgfältig über Alles zu wachen, was zur größeren Verherrlichung unseres Herrn und Heilandes führe, Elisabeth in das Verzeichnis der Heiligen eingetragen, und gebiete hiermit, ihr Fest am 19. November, als an dem Tage, an dem sie die

Bande des Todes zerrissen, zu feiern, damit die Gläubigen durch ihre mächtige Fürbitte dasjenige erhalten mögen, was Elisabeth bereits von Christo erhalten, und dessen sie sich nun, verherrlicht, in Ewigkeit freue. ...

Der französische Verfasser gibt die treue Übersetzung dieser Bulle. Wir halten es für hinreichend, das Wesentliche des Inhalts gedrängter zusammenzufassen. Die Bulle steht bei Harzheim: Concil. Germ. III, 557 (Anmerk. Des Übers.)

Quelle: J. Ph. Städler, aus dem Französischen übersetzt, des Grafen Charles Forbes de Montalembert, Leben der heiligen Elisabeth von Ungarn, Landgräfin von Thüringen und Hessen, Verlag von Jacob Anton Mayer, Aachen und Leipzig, 1837, S. 418

Diese Ehrung wurde am 1. Mai 1236 von einer wohl einmaligen, weltlichen Würdigung ihrer Person gekrönt.

An diesem Tag kamen zahlreiche Bischöfe des Reiches und ein große Zahl Menschen des einfachen Volkes, man spricht von weit über einer Millionen Menschen („zwölf mal einhunderttausend"), nach Marburg. Am 2. Mai besuchte Kaiser Friedrich II. im Bußgewand, barfuß mit der Krone in den Händen die Grabeskirche von Elisabeth. Ihm folgten die Fürsten, Bischöfe und Prälaten. Elisabeths Sarg wurde zuvor aus der Gruft gehoben, wobei selbst der Kaiser Hand anlegte. Der Sarg wurde dann feierlich im Kirchraum aufgestellt. Der Erzbischof von Mainz hielt das Hochamt. Nach der Eucharistie setzte der Kaiser der Heiligen eine goldene Krone auf. Ihr zu Ehren erbauten Herren des Ritterordens (des Deutschen Ordens) ein Denkmal, die Elisabethkirche zu Marburg, das zu den schönsten des Mittelalters zählte.

Bild 9: Stich der Elisabeth-Kirche zu Marburg

Der Sarkophag wurde im Mittelalter von zahllosen Pilgern besucht.

Bild 10: Kupferstich des Elisabeth-Schrein zu Marburg

Reinhardsbrunn avancierte in dieser Zeit ebenfalls zu einem erstrebenswerten Pilgerort an dem Ludwig IV., Ehemann der Heiligen Elisabeth, als Volksheiliger verehrt wurde.

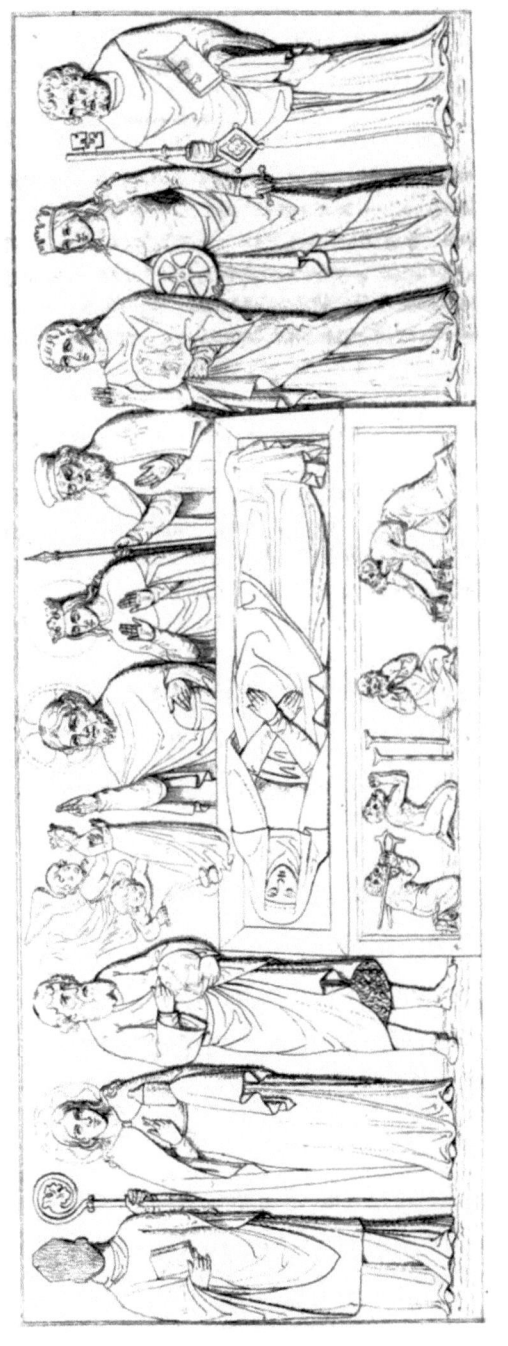

Bild 11: Kupferstich von der Aufbahrung der Elisabeth von Thüringen und Hessen

Im Inneren der Grabeskirche von Elisabeth befindet sich die Kapelle, in welcher ehemals die Gebeine der heiligen Elisabeth ruhten. An der Basis einer der Seiten der Kapelle erstreckt sich über die ganze Länge hin eine, als Relief farbig ausgeführte Arbeit, die sowohl wegen ihres, wahrscheinlich mit der Heiligen gleichzeitigen Alters, als auch wegen ihres einfachen Stils, unseres Erachtens, sehr interessant ist. Es ist wohl das Älteste, über die Heilige noch vorhandene Werk der Kunst. Der Kupferstich soll davon einen Eindruck vermitteln:

Beschreibung:
Die tote Elisabeth liegt, als Nonne gekleidet, mit über Kreuz gelegten Händen, in dem offenen Sarg. Hinter diesem steht, in der Mitte, Jesus Christus. Linksseitig von ihm steht seine heilige Mutter Maria. Elisabeths Schutzengel reicht ihre Seele, symbolisiert durch ein gekröntes Kind, dem Heiland hin. Er erhebt die Hand, um sie zu segnen. Ein anderer Engel schwenkt dazu das Weihrauchschiffchen. Liebevoll blickt Maria zu ihrer demütigen und folgsamen Schülerin hin. Neben ihr stellt ein bärtiger Mann, mit der Lanze in der Hand, und dem Kreuz auf seinem Mantel, entweder den Landgrafen Ludwig, oder seinen Bruder, den „Büßenden Konrad" vor. Rechts sieht man den Jünger Johannes, den besonderen Vertrauten der

Heiligen - die heilige Katharina und den Apostel Petrus mit dem Schlüssel des Himmelreichs, links Johannes der Täufer, die heilige Maria Magdalena und ein Bischof, den man für den Erzbischof Siegfried von Mainz hält.

Vor diesem Bildwerk knieten die Pilger. Heute noch sieht man, wie die Stufen von ihren Knien tief ausgehöhlt sind.

Noch im Jahr 1810 befanden sich in der Elisabeth-Krone 824 gefasste Edelsteine von unschätzbarem Wert.

Viele Kirchen, Krankenhäuser oder andere Einrichtungen tragen bis heute ihren Namen. Sie gilt als Patronin von Thüringen, dem Bistum Erfurt und Hessen. Sie ist zweite Patronin des Bistums Fulda. Ebenfalls gilt sie als Patronin der Witwen, Waisen, Bettler, Kranken, unschuldig Verfolgten und Notleidenden, der Bäcker, Spitzenklöpplerinnen und des Deutschen Ordens.

Durch ihre karitative vorbildliche Lebensweise wird sie auch heute noch vom Caritas-Verband als Schutzpatronin verehrt.

Elisabeth,

wir danken dir

für deine Liebe und
Barmherzigkeit,

die wir nach deinem
Vorbild

unter uns Menschen weiterleben
lassen sollen.

Martina Giese-Rothe

Bild 12

TEIL 2

Kurzroman

über die Gründung

von

Kloster Reinhardsbrunn

Kurzroman über die Gründung von Kloster Reinhardsbrunn

Gedanken über ein keltisches Heiligtum

Was wäre, wenn die Gründung von Reinhardsbrunn unter etwas anderen Gesichtspunkten stattgefunden hat, als in der heute erzählten Gründungsgeschichte berichtet wird?

Mathias Diener ist schon seit jeher ein ganz begeisterter Naturfreund. Deshalb fiel ihm die Entscheidung nicht schwer, als er angeboten bekam, eine Ausbildung als Wanderleiter zu absolvieren, diese Gelegenheit zu nutzen. Gerne ist er zu Fuß in den Wäldern von Friedrichroda und Umgebung unterwegs. Während seiner Ausbildung lernte er den älteren und erfahrenen Wanderleiter Lothar Greif kennen. Beide verstanden sich auf Anhieb sehr gut. Mathias war gerne mit Lothar Greif in den Wäldern, da er viel Erfahrung hat und gute Tipps an ihn weitergeben konnte. Lothar ist ein herzlicher und engagierter Mensch und hat von seinem Aussehen Ähnlichkeit mit dem bekannten Benediktinermönch Anselm Grün aus Münsterschwarzach.

Vor kurzem rief Lothar Greif, aus Winterstein stammend, Mathias an. Am Telefon teilte er ihm mit, er hätte eine sensationelle Entdeckung gemacht.

Mathias versprach, gleich am Abend nach der Arbeit zu ihm zu kommen. Den ganzen Tag über beschäftigte Mathias dieser Anruf. Abends fuhr er dann mit Neugierde und großer Erwartung zu Lothar Greif. Als sich beide gemütlich im Wohnzimmer von Lothar hingesetzt hatten, lächelte Lothar Mathias spitzbübisch an. „Ich glaube, es muss wirklich eine sensationelle Entdeckung sein, sonst würdest du nicht so ein spannendes Gesicht haben."

„Ja", antwortete Lothar mit freudiger Stimme, „eine wirklich aufregende Geschichte habe ich entdeckt, du wirst es gleich sehen." Dann holte er sämtliche Unterlagen über seine Forschungsarbeit von Reinhardsbrunn herbei.

„Was hältst du von der Gründungslegende von Reinhardsbrunn mit den Feuerflämmchen, die der Töpfer Reinhard Ludwig dem Springer gezeigt hat?", fragte Lothar Mathis. Dieser überlegte einen Moment bevor er antwortete: „Es muss wohl ein eindrucksvolles Leuchtzeichen aus der Erde gewesen sein.", erwiderte dann Mathias. Vielsagend sah Lothar ihn an.

„Aus der Erde? Meinst du, Ludwig hätten ein paar Sumpflichter beeindruckt? Ludwig, ein Haudegen, der mit allen Wassern gewaschen war, lässt sich doch nicht durch ein paar Sumpflichter von einem Wunder überzeugen.", sagte er.

Lothar sprach diese Worte so überzeugend, seine Stimme klang dabei richtig spannend, sodass Mathias sich ganz zu ihm herüberbeugte und ihm weiter lauschte.

„Nein, Mathias", sprach er jetzt in einem etwas lauteren Ton – „es war ein Feuer vom Himmel, das Ludwig gesehen hat." „Ein Feuer vom Himmel …" sprach Mathias leise nach, „ein himmlisches Licht also?"
„Genau, das hat Ludwig der Springer gesehen", führte Lothar seine Überlegungen weiter. Er stand auf und holte ein Blatt Papier aus einer Schublade des Tisches und schrieb den Namen „Reinhardsbrunn" darauf. Darunter schrieb er eine ältere Ausdrucksweise dieser Bezeichnung.

„Reinhardsbrunn"
„Reyn / harts / bruno"

Als die Namen untereinander standen teilte er das Wort „Reynhartsbruno" in drei Silben. Die Augen von Lothar glänzten dabei und triumphierend sah er Mathias an. „Im Namen steckt das, was Ludwig der Springer gesehen hat."
Plötzlich wurde Mathias ganz heiß vor Aufregung.
Lothar fuhr mit langsamer, aber fester Stimme fort:
„Schau Mathias, was ich daraus lese –

„Reyn" -   steht für Regen und …

„hart" -   für Berg oder Anhöhe.

            … findet sich heute noch im Namen „Regenberg", der einer der Berge ist, die das Tal umsäumen, wieder

„bruno" -   könnte „braunes Leuchten" oder sinngemäß „dunkelrote Feuer" bedeuten.

„Mathias, verstehst du?", rief Lothar, „Ludwig der Springer sah einen Feuerregen am Berg und nicht einfach nur Erdlichter.
Die niedliche Sage vom Töpfer Reinhard hat man als Schleier der Verhüllung der tatsächlichen Geschichte genutzt." Er fuhr jetzt ganz aufgeregt mit seinen Schlussfolgerungen weiter: „Erinnerst du dich, bei

unseren zahlreichen Wanderungen zeigte ich dir die Anhöhe mit dem uralten keltischen Heiligtum der „Zwölf Apostel". Dieser uralte Baumkreis, bestehend aus zwölf in einem Kreis angeordneten Bäumen diente seit ältesten Zeiten wohl der Himmelsbeobachtung. Unsere Ahnen, die Kelten, suchten sich diesen herausgehobenen Ort aus, weil man zu einer bestimmten Zeit ein ganz besonderes Himmelereignis sehr gut beobachten kann. Es scheint so, als würde der Himmel brennen und berührt mit seinen Funken die Erde. Dieses sieht dann aus …" hier holte Lothar tief Luft „… wie ein Feuerregen. Genau das muss Ludwig der Springer hier zu Mitsommer, kurz vor der Tag- und Nachtgleiche, vor dem Johannistag gesehen haben, aber keine niedlichen Sumpflichter." Lothar hielt inne und beobachtete dabei Mathias, als ob er sicher gehen wolle, dass dieser ihn auch versteht. Langsam und bedenklich fuhr Lothar mit seinen Gedanken fort: „Ludwig war in großer seelischer Not, als er durch das Tal Reinhardsbrunn ritt. Er hatte einen Mord zu verantworten und sollte dafür ein Sühneopfer bringen. Als er dieses Himmelsereignis sah, war er überwältigt von dem Naturschauspiel." Mathias war ebenfalls überwältigt von diesem Gedankengang. Er war auf einmal von der Erzählung seines Freundes so gepackt, dass er ganz gespannt mehr hören wollte. Deshalb entfuhr ihm ein lautes „Und weiter?"

Daraufhin fuhr Lothar fort: „In seiner tiefen Gläubigkeit widerfuhr Ludwig zu ebendieser Stunde eine Marienerscheinung. Die Mutter Gottes erschien ihm in ihrer natürlichen Gestalt, um ihn wieder auf die richtige Bahn zu führen. So hat er dieses Himmelsschauspiel verstanden und er holte sich die strengsten Vertreter der „Regel Benedikt" aus Hirsau im Schwarzwald. Lothar war fast nicht zu stoppen, aus ihm sprudelten seine neuen Schlüsse nur so heraus. „Ja, mein lieber Mathias! Und so geht es weiter. Folgerichtig wurde das Kloster nach der Fertigstellung der Mutter Gottes Maria und dem Evangelisten Johannes geweiht. Als Datum dieser Weihe hat man dabei das Datum von „Mariä Himmelfahrt", den 15. August, gewählt."

Mathias war beeindruckt von den Ausführungen seines Freundes und Mentors. Es schien zwar vieles, insbesondere die Herleitung der Namensbedeutung von Reinhardsbrunn, hypothetisch, dafür aber in sich schlüssig zu sein.

Lothar hatte aber noch etwas auf seine Geschichte drauf zu setzen.

„Mathias, es gibt einen eingeweihten Personenkreis, die Bruderschaft von Reinhardsbrunn. Seit Jahrhunderten sind sie die Hüter dieses „Heiligen Ortes". Gegründet weit vor unserer Zeit, als die Druiden noch hier waren. Sie bestimmten damals, wer würdig war, diesen heiligen Ort zu schützen. In der Klosterzeit befanden sie sich auch als Mönche im Kloster Reinhardsbrunn. Selbst der Papst in Rom wusste um die alte Bedeutung dieses Ortes und stellte ihn unter seinen Schutz. In der Zeit der Reformation gingen die „Eingeweihten" in den Untergrund und wirkten von da an im Verborgenen, später dann auch innerhalb der Illuminaten und Freimauren hier in Reinhardsbrunn, bis in unsere Zeit hinein weiter."

Lothar war nun am Ende mit seinen Ausführungen. „Ja, mein Junge, das ist das Geheimnis von Reinhardsbrunn. Aber genau so, wie die Mächte des Lichts diesen Ort lieben, hassen die Geister der Dunkelheit diese „Heilige Stätte." Immer wieder versuchen sie die Bedeutung von Reinhardsbrunn in das Vergessen zu führen.

Nach dem Untergang der DDR schienen diese die Oberhand auf die neuen Entscheidungsträger zu erlangen. Selbsternannte Schatzsucher und Spekulanten führten Reinhardsbrunn fast ins Vergessen. Doch immer wieder, das zeigt uns auch die Geschichte vom Kloster und Schloss Reinhardsbrunn, wehrte sich dieser Ort dagegen. Er wehrt sich still und leise, auf seine eigene Art und Weise und setzt Zeichen gegen die Entweihung des Ortes.

Doch nehmen wir die Zeichen auch wahr? Tun wir diese einfach ignorieren, oder wollen wir sie gar nicht erst erkennen?

Lothar bittet Mathias noch zum Essen zu bleiben. Doch kurz darauf möchte Mathias mit seinen neuen Denkansätzen erst einmal alleine sein. Auf dem Heimweg fährt er ohne zu überlegen auf Reinhardsbrunn zu und hält am Parkplatz vor dem Tor. Er steigt aus und lässt noch einmal alles Gesagte auf sich wirken.
Ja, was ist, wenn Lothar mit seinen Thesen Recht haben sollte? Als Mathias das Schloss und die Stelle wo einst das Kloster stand, betrachtet, wird ihm klar, dass sein Freund Recht haben könnte. Ja, dieser Ort ist etwas Besonderes, es hat mehr damit auf sich, als die Geschichte von den zwei blauen Flämmchen. Das sich hier in Reinhardsbrunn, kurz oberhalb des Klosters, noch vor dem zweiten Weltkrieg, ausgerechnet eine Kongregation mit Ausrichtung auf die

Mutter Gottes Maria niederlässt, ist offensichtlich kein Zufall. Es ist dies das noch heute vorhandene Schönstattzentrum mit den Marienschwestern am Reinhardsberg. Hat der Gründervater des Schönstattordens, Pater Kentenich, diesen Ort bewusst ausgewählt, weil er um die Bedeutung dieses „Heiligen Ortes" mit seiner engen Beziehung zur Mutter Jesu wusste oder dies ahnte?

Eines ist wohl sicher: Dies ist kein Zufall! All diese Gedanken gehen Mathias durch den Kopf. Er sitzt auf einem Stein und sieht weiterhin gebannt auf die Stelle des ehemaligen Klosters, wobei er versucht den Namen Reinhardsbrunn in seiner wahren Herkunft und Bedeutung zu erfassen.

eine kleine

Chronik

von

Reinhardsbrunn

Reinhardsbrunn

Als der Gründungsvater des Ludowingerge-schlechts in Thüringen, Ludwig mit dem Barte, sich in der Region in Altenbergen niederließ, kamen auch der alte, kleine Flecken Reinhardsbrunn und das Tal von Reinhardsbrunn in das Eigen der Ludowinger. Reinhardsbrunn ist heute ein Stadtteil der Stadt Friedrichroda und liegt in Westthüringen an den nördlichen Ausläufern des Thüringer Waldes. Die Gründung des ehemaligen Klosters Reinhardsbrunn erfolgte um das Jahr 1085 durch Graf Ludwig den Salier, auch genannt Graf Ludwig der Springer. Er ist auch Gründer der Wartburg, die etwa um das Jahr 1070 errichtet wurde. Unter ihm wurde auch die Neuenburg an der Unstrut erbaut. Ludwig der Springer galt als zielbewusste Persönlichkeit, der eine expansive Machtpolitik betrieb. Im Jahr 1083 wurde Pfalzgraf Friedrich II. während eines schein-bar inszenierten Scharmützels getötet. Das geschah nicht von ungefähr, hatte Ludwig doch großen Ge-fallen an dessen Ehefrau Adelheit bekundet, so dass Vasallen von Ludwig, genau diesen zum Anlass ge-nommen zu haben scheinen, ihrem Herrn gefällig zu sein. Doch auf Grund seiner Verantwortung gegen seine Gefolgsleute, war die Verbindung zwischen

ihm und Adelheit von nun an überschattet. Ludwig der Springer hatte Adelheit unmittelbar nach deren Trauerzeit geehelicht. Der Untat bewusst zeigte Ludwig der Springer, geplagt von seinem schlechten Gewissen, Reue und bat den Papst um Buße und Vergebung. Daraufhin riet ihm der Papst für sich und seine Frau ein Kloster zu stiften. Ludwig ritt durch die Wälder Thüringens, um dafür einen geeigneten Platz zu finden. In den alten Chroniken wird beschrieben, wie Ludwig verzweifelt nach einem Ort sucht und an ebendieser Stelle des späteren Klosters im Dunklen, blaue Flämmchen nah beim Flecken Reinhardsbrunn sah. Hier lebte der Töpfer Reinhard in seinem Häuschen bei einem Brunnen nahe der Sumpfwiese, wo die Lichter zu sehen waren. Die blauen Flämmchen deutete der Graf als Zeichen des Himmels und bestimmte diese Stelle als die, an der das Kloster zu erbauen sei. Da der Töpfer der ihm mit seiner Volksweisheit um das Tal imponierte, benannte das Kloster nach dessen Namen.
Heute glaubt man, dass sich die blauen Flämmchen aus Sumpfgasen an trocknen Sommertagen, durch statische Aufladungen der Luft entzündet, gebildet haben könnten.
Der Eigenname „Reinhardsbrunn" ist wohl erst durch die Christianisierung dieses Gebietes, in der

noch heute gebräuchlichen Schreibweise, aus seiner alten Gebrauchsform heraus entstanden und hat vielleicht auch nicht mehr viel mit der alten Bedeutung des Namens zu tun. So ist die Bezeichnung „Reinhardsbrunn" eher einer romantischen Lesart des Gründungsmythos zu verdanken.

Liebe Leser und Leserinnen,

an dieser Stelle möchten wir sie einladen, über die im damaligen Reich stark ausgeprägten Marienverehrung und damit über den Einfluss Mariens auf die Gründung des Klosters durch Ludwig, nachzudenken, so wie dieses im vorherigen romantischen Kurzroman angeklungen ist.

Wohl schon um das Jahr **1085** hatte Ludwig seine Standortfestlegung getroffen.

Für die Errichtung der Klosteranlage holte Ludwig **zwölf** Brüder des Benediktinerordens aus Hirschau (Hirsau) und Cluny ins Tal. Diese bildeten hier den neuen Konvent des ersten Benediktinerklosters in Thüringen. Sie brachten die planerischen und fachlichen Voraussetzungen in das Vorhaben von Ludwig ein. Dieser war um die Bereitstellung von Menschen und Material zur Verwirklichung des Vorhabens bemüht. Fast die Hälfte der Bewohner von Reinhardsbrunn wurden nach Friedrichroda umgesiedelt, um Platz für den geplanten Klosterbau zu machen. Die verbliebenen Bewohner bildeten den Stamm der späteren Vorhöfe und Lehnsleute des Klosters.

Nach der Errichtung der Klosteranlage kam das Kloster **1092** auf das Wirken von Ludwig dem Springer hin unter päpstlichen Schutz.

Der Graf stattete das Kloster mit reichlichen Gütern aus. Im Zuge der Vervollständigung der Anlage errichtete der Konvent Gärtnereien, Mühlen mit Bäckereien, einen Gasthof für die Pilger und ein Spital für Hilfesuchende aus Thüringen und weit darüber hinaus.

1114 ging die Schauenburg durch Kauf an das Kloster. Diese wurde aber bald, da sie ohne einen erkennbaren Nutzen für das Kloster war, bald unbewohnbar und wurde in Teilen abgerissen. Um Machtansprüchen Dritter entgegenzuwirken, ließ Ludwig der Springer, nachdem er Abt geworden war, die Burg wieder herrichten und übergab sie zum Schutz des Klostereigens zu treuen Händen an den Grafen Hermann von Henneberg. Von diesem kam sie an den Markgrafen Heinrich, der sie aber an zwei Herren von Hopfgarten abgab. So geschah, was hatte verhindert werden sollte. Die neuen Herren begannen das Klostereigen zu tyrannisieren. Sie plünderten und schändeten die Frauen und Mädchen der Flecken und Dörfer. Nur durch das beherzte Eingreifen der Friedrichrodaer Wehr, wurde die Burg wieder dem Besitz des Klosters Reinhardsbrunn zugeführt. Die „Raubherren" von Hopfgarten erhoben Klage. So musste der Konvent ihnen in **1267** die Schauenburg für 130 Freiberger Reichsmark abkaufen und diese somit zum zweiten Mal bezahlen. Da die Raubritterplage in ganz Thüringen immer mehr überhand nahm, schritt König Rudolf I. (er residierte für ein Jahr in Erfurt) dagegen ein. Auf sein Geheiß hin wurden in Folge 66 Burgen dem Erdboden gleichgemacht. Spätestens damals, nach 1289, wurde die Burg endgültig vollständig und für immer geschliffen.

Ludwig verbrachte seine letzten Tage selbst als Mönch in seinem Kloster, in dem er **1123** verstarb. Sein Frau Adelheid war bis zu ihrem Ableben Nonne im Kloster Tscheiplitz.

Mit Ludwig dem Springer stieg das Kloster in der Bedeutung für ganz Thüringen und Deutschland, da es in Folge zur Grablege der Ludowinger erhoben wurde. Im Mittelalter entwickelte sich das Kloster Reinhardsbrunn zu einem der reichsten Klöster im gesamten Kaiserreich.

1114 kam der Ort Friedrichroda durch Kauf von Ludwig d. Springer in das Eigen des Klosters. Der Ort wurde vom Kloster besonders gefördert, da er in unmittelbarer Nähe zum Kloster selbst lag. Anfang des 13. Jahrhunderts erhielt Friedrichroda eine neue Kirche. 1209 bedachte Abt Wikhard den Ort sogar mit dem Marktrecht, wozu das Kloster alle notwendigen Befugnisse hatte. Dagegen ging besonders Waltershausen mit Unterstützung Gothas vor. Hermann I. vertiefte die schon vorhandenen Differenzen zum Kloster mit seiner Entscheidung noch mehr. Er drohte Friedrichroda vom Erdboden zu tilgen und alle Bewohner umzusiedeln. Der Abt erreichte einen Vergleich, der Friedrichroda verschonte. Bei einem (vorläufigen) Verzicht auf die Abhaltung von Märkten und der Zahlung von Vierzig Mark Silber verzichtete Herman I. auf sein Ansinnen. So erklärt sich auch der seit Jahrhunderten bis hinein in die Neuzeit

des 20. Jh. bei den Bewohnern Friedrichrodas unterschwellig vorhandene Groll gegen die Waltershäuser. Eine der überkommenen Redensarten lautet:
„Hast du ein Weib aus Waltershausen, lass es sausen!"

Landgraf Ludwig IV. von Thüringen, Ehemann von Elisabeth von Thüringen, Hessen und Ungarn wurde hier um Pfingsten **1228** bestattet. Er starb am 11. September 1227 in Sizilien auf dem fünften Kreuzzug (in der exakten Zählung wäre dieser als der sechste Kreuzzug zu benennen, was aber durch den engen Bezug zum fünften Kreuzzug – er beendete diesen – nicht so geschieht). Er wurde dann von Otranto in Italien mit einem stattlichen Leichenzug nach Reinhardsbrunn überführt. Hier wurde er feierlich und unter großer Beteiligung des Hochadels, der Kirche und der Menschen von Thüringen und Hessen beigesetzt.

In der „Epitaphen Kammer" der heutigen Schlosskirche waren bis **1952** die überkommenen Grabplatten aus der Klosterzeit aufgestellt. Diese finden sich heute in der Georgenkirche zu Eisenach.
Die Figurenplatten (Grabplatten, Epitaphen) folgender Persönlichkeiten sind hier zu sehen:

Landgraf Ludwig der Springer, gest. 1123, Stifter des Klosters Reinhardsbrunn

Landgräfin Adelheit, gest. 1110, Gemahlin von Ludwig d. Springer

Landgraf Ludwig I., gest. 1140, Sohn von Ludwig d. Springer

Landgraf Ludwig II (auch der Eiserne)., gest. 1172, Sohn Ludwig I.

Landgräfin Jutta, gest. 7. Juli 1191, zweite Gemahlin von Ludwig II., Schwester von Kaiser Friedrich Barbarossa

Landgraf Ludwig III. (auch der Fromme), gest. 1190, Sohn Ludwig II.

Landgraf Luddwig IV. (auch der Heilige), gest. 11. Sept. 1227, Ehemann der Hlg. Elisabeth von Thüringen und Neffe Ludwigs III.

Landgraf Hermann II., gest. 1241, Sohn der Hlg. Elisabeth und von Landgraf Ludwig IV.

Diese Grabplatten sind offensichtlich Reproduktionen, die nach dem Großbrand des Klosters Reinhardsbrunn in **1292** angefertigt wurden.

Martin Luther durchstreifte hier die Landschaft von Reinhardsbrunn und kehrte im Kloster ein. Während seines „Zwangsaufenthaltes" auf der Warburg, in der Zeit seiner Übertragung der Bibeltexte ins Deutsche, hat er sich vermehrt in der Gegend aufgehalten. Belegt hierzu sind mindestens zwei Aufenthalte im Kloster. Bei solchen Gelegenheiten soll es zu tiefgreifenden Erörterungen gekommen sein, die schnell Zweifel an seinem vorgegebenen Stand, dem eines Junker Jörg (auch Georg), aufkeimen ließen, was die Gefahr einer Entdeckung seiner Person heraufbeschwor.
Einmal hatte er auf einer Reise nach Worms hier seinen Aufenthalt.

1525 wurde das Kloster während des Bauernkrieges von einen großen Zahl Aufständischer besetzt und ausgeplündert. Nachdem die Bauern das Kloster erstürmt hatten, tranken und feierten sie mehrere Tage lang. Ein Großteil der wertvollen Einrichtungen gingen dabei unweigerlich verloren.

Die Bibliothek verbrannte, bis auf wenige der wohl wertvollsten Handschriften, die nach Weimar gerettet wurden, 24 kostbare Altäre und drei fast unbezahlbare Orgeln wurden zerschlagen.

Auch vor den heiligen Reliquien, wie den Gebeinen Ludwigs IV., machten sie keinen Halt.

Die Mönche selbst hatten sich zuvor schon in der umliegenden Gegend und in Gotha im dortigen Kloster in Sicherheit gebracht.

Durch den Brand **1292** und die Verwüstung acht Tage vor Ostern **1525** im Bauerkrieg verlor das Kloster seinen einstigen Glanz und verfiel komplett. Das Ganze war auch dem Aussterben der Ludowinger-Dynastie geschuldet.

Der Konvent wurde genötigt, das Kloster an den regierenden Landesfürsten abzutreten (*Anmerkung: die 1. Enteignung)*, da dieser zu den Protestanten zählte und gegen eine politische Herrschaft des Papstes in seinem Gebiet war.

Anfänglich wurde das ehemalige Kloster zum Amtssitz vom neu gebildeten Amt Reinhardsbrunn.

1601 ließ Herzog Friedrich Wilhelm I. von Weimar ein neues Amtshaus bauen. Sein Bruder Johann III. plante sogar einen Wiederaufbau der alten Anlage, doch verstarb er noch vor der Umsetzung des Vorhabens. Seine Witwe Dorothea Maria ließ dann zwischen **1607** und **1616** das Hauptgebäude errichten. Darauf folgen die strukturell heute noch vorhanden Verbindungsbauten. Im Zuge der Baumaßnahmen um die Errichtung des Schlosses, wurden die ehemaligen Bestandteile abgetragen und das so gewonnene Baumaterial fand zum Teil in der nunmehrigen Schlossanlage Verwendung.

1706 ließ Herzog Friedrich II. von Gotha-Altenburg weitere Gebäudebestandteile errichten.

Beim späteren Umbau des Schlosses ließ Herzog Ernst I. von Sachsen Coburg und Gotha **1826/1827** auf den Mauern des Schlosses eine Sommerresidenz und Jagdschloss errichten. Damit beauftragte er den Baurat Eberhard aus Gotha und den Architekten und Künstler Heidelhoff aus Nürnberg, die so wesentlich den Stil des Schlosses prägten.

Das Schloss gliedert sich in folgende Gebäudebestandteile:

- den westlichen Teil des Hauptgebäudes, das „Hohe Haus" oder auch Schloss, es ersetzte die Abts-Kemenate an gleicher Stelle,
- an das Hauptgebäude schließt nordöstlich das Saalgebäude, mit dem „Ahnensaal" an,
- in südliche Richtung vom Saalgebäude weg verläuft die „Hirschgalerie",
- in Richtung Osten vom ehemaligen Amtsgebäude weg (von der Hirschgalerie abgehend) erstreckt sich die Kirchgalerie (ehemals auch „der lange Bau" genannt),
- An die Kirchgalerie schließt die Schlosskirche/-kapelle an, die heutige Schlosskirche ersetzte die im Jahr 1855 abgerissene alte Schlosskirche. Diese wird als aufwendig gestalteter Bau beschrieben. In ihr war ein großes Altargemälde mit dem Titel „Jacobs Traum" (Gemälde vom Maler Christian Richter) vorhanden. Dieses gilt heute als eines der Gemälde mit den meisten Porträts der Nachfahren einer Seitenlinie der Ludowinger, den Ernestinern. Später war dieses Bildnis in der Augustinerkirche in Gotha bewahrt worden. Heute ist es in der Margaretenkirche in Gotha zu sehen.

Der Landschaftspark der um die Schlossanlage herum entstand, wurde schon Mitte der **1780**-er Jahre von Herzog Ernst II. von Sachsen–Gotha-Altenburg geplant. Damit beauftragt er den Architekten und Freimaurer Simon Wagner. Die Schlossanlage liegt eingebettet im „Innenpark" des Landschaftsparks Reinhardsbrunn.

Zu den herausragenden Ereignissen für das Tal Reinhardsbrunn und der Stadt Friedrichroda in der Neuzeit zählten zweifelsfrei die Besuche von Queen Victoria.

So war sie im **August 1845** zusammen mit ihrem Prinzgemahl Albert (Albert von Sachsen-Coburg und Gotha, er war auch ihr Cousin) hier zu Besuch und nahm an einem großen Jagdereignis nahe der Tanzbuche teil.

Nach einer Kutschfahrt durch den „Ungeheuren Grund" bis hin zu dessen höchster Erhebung schrieb Victoria damals im „Rosengarten" dazu „… Das war ein schönes Erlebnis."

Am Tag darauf, am 29. August, lesen wir folgende Worte in ihrem Tagebuch:

„Nach dem lieben Rosenau, ist es Reinhardsbrunn, dass mich mehr als irgendetwas sonst glücklich macht. Es würde mir gefallen, hier wenigstens eine Woche verweilen zu können."

(freie Übersetzung, basierend auf einem romantischen Sprachstil)

„After the dear Rosenau, Reinhardsbrunn is what has pleased me more than anything, & to spend at least a week there. ..."

(Zitat von Queen Viktoria aus Queen Victoria's Journals, 27.August 1845, Reinhardsbrunn, Page 124)

Im Jahr nach dem Tod von Albert, im **September 1862**, residierte Queen Victoria für fast einen Monat bis Anfang Oktober, mit ihrem fast 200 Personen umfassenden Hofstaat hier im Schloss und Parkhotel. In dieser Zeit hier in Reinhardsbrunn wurde sie von all ihren Kinder für längere Zeit, zum Teil über den gesamten Zeitraum hinweg, begleitet.

1919, nach Ende des ersten Weltkrieges, erfolgte die „zweite" Enteignung. Die nun herzoglichen Güter kamen an das Land Thüringen. 1925 mussten diese zurück an die „Herzogliche Stiftung" übertragen werden.

Prinzessin Sibilla von Sachsen-Coburg und Gotha heiratete **1938** den Prinzen Gustav Adolf von Schweden und hielt sich kurz darauf hier im Schloss zu Besuch bei Freunden und Verwandten auf.

Gleich zu Beginn des zweiten Weltkrieges in **1939**, stellte Herzog Carl Eduard einen Großteil der Schlossanlage als Herzogliches Offizierserholungsheim zur Verfügung. Das war auch eine der Nutzungen im Rahmen des Projekts „Wolfsturm" in welches das Schloss mit seinem Innenpark in den 1940-ern eingebunden war. Das Schloss war dafür als repräsentativer Sitz für das zweite Führerhauptquartier in Ohrdruf von der Reichskanzlei angemietet worden. Zu diesem Zweck wurden dort gewaltige Bunkeranlagen gebaut. In den letzten Kriegstagen war Generalfeldmarschall Albert Kesselring in Reinhardsbrunn mit seinem Stab untergebracht.

Angeblich wurde in Reinhardsbrunn auch das Bernsteinzimmer zwischengelagert. Später, so heißt es, hätten spielende Kinder in der Schlossanlage Bruchstücke von Bernstein gefunden. Diese Vermutungen führen selbst heute noch dazu, dass manch einer glaubt, in der Schlossanlage sei ein sogenannter „Schatz" zu finden. Viele Kunstgüter machten in Reinhardsbrunn einen Zwischenstopp und wurden von hier aus weitertransportiert. Allerdings weiß man darüber nichts Genaueres, auch nicht über die Zielorte der Kunstgüter, da, so heißt es, die an den Transporten Beteiligten, am Ende allesamt liquidiert wurden.

Mit dem Einmarsch der Amerikaner in Thüringen zum Ende des Krieges hin, nahmen sie nach ausgiebigen Gefechten Anfang **April 1945** auch den Innenpark mitsamt der Schlossanlage ein. Sie vermuteten hier den Verbleib des Vermögens der Reichsbank. Schließlich gab einer der Gefangenen bei einem Verhör den entscheidenden Hinweis, dass sich das Gold und die Gemälde im Salzbergwerk Merkers befänden. Ein viel kleinerer Teil des Vermögens soll dann doch noch, viele Jahre später, im Schlossgelände gefunden worden sein.

Nach der Übergabe Thüringens an die Sowjets Anfang **Juli 1945** erfolgte nun in Reinhardsbrunn die Einquartierung höhergestellter Sowjets. Auf Ersuchen um die Bereitstellung einer geeigneten Örtlichkeit zur Einrichtung einer Ausbildungsstätte für die Feuerwehren, wurde das Schloss als dafür geeignet betrachtet und es erfolgte in **1946** die Etablierung einer Polizei- und Feuerwehrschule in der Schlossanlage und in Teilen des Außenparks.

Zuvor waren die herzoglichen Güter per Dekret in der „Sowjetischen Besatzungszone"; erneut enteignet worden. Diese gingen später in Volkseigentum über.

Nach der Nutzung der Schlossanlage als Ausbildungsstätte, wurden die Gebäude als Erholungsheim des Ministeriums des Innern der DDR weitergenutzt.

In dieser Zeit wurden einige Gebäude des Schlosskomplexes abgerissen. Dazu zählten die Orangerie, Teile des Marstalls und ein Gebäude zwischen Marstall und Kavaliershaus.

Wahrscheinlich durch Einflussnahme aus dem schwedischen Königshau heraus kam es, dass aus dem Schloss eine international zugängliche Hotelanlage gemacht wurde.

So kam es in **1961** zur Eröffnung des DER Hotels „Max Reimann".

Hier im Hotel trafen sich viele Persönlichkeiten aus aller Welt. Auch konnten Gäste aus dem NSW (Nichtsozialistisches Wirtschaftsgebiet) hier Quartier beziehen.

Ein Hamburger Reisebüro bot hierfür entsprechende Buchungen an.

Zum Hotel zugehörig war auch ein „Intershop". Dieser befand sich zuletzt ein Stück neben dem Westtor. Dieser war durch einen Anfang der 1970er Jahre extra dafür geschaffenes Tor in der Schlossmauer erreichbar.

Das Schloss mit dem Schlossinnenpark und das Parkhotel gehörten bis zur „Wende" **1989/1990** zum Reisebüro der DDR. Danach übernahm die Treuhandanstalt der BRD den gesamten Bereich.

Auf dem Gesamtareal lasteten ab Ende **März 1990** vermögensrechtliche Ansprüche der Herzoglichen Stiftung. Diese zeigte in Vertretung von Prinz Andreas von Sachsen-Coburg und Gotha aber auch ein starkes Interesse an einem Kauf des Schlosses mit Innenpark. Das stand den damaligen Vorhaben der Evangelischen Kirche Mitteldeutschlands in Reinhardsbrunn keineswegs entgegen. Sie wollte hier ein überregional geprägtes evangelisches Bildungs- und Tagungszentrum errichten. Im Jahre **1991** war Reinhardsbrunn, insbesondere das ehemalige Zentrale Pionierferienlager „Georgi Dimitroff" für geeignet befunden, als das neue evangelische Bildungs- und Ausbildungszentrum der Evangelisch-Lutherischen

Kirche in Thüringen zu fungieren. Die Evangelische Kirche kaufte in Folge Teile des Außenparks, vorzugsweise den Bereich des ehemaligen Ferienlagers. Der Innenpark mit dem Schloss wurde der Evangelischen Kirche versagt. So wurde hier von der Thüringischen Landeskirche das „Pädagogisch-Theologische Institut" gegründet. Trotz hoher Motivation der Protagonisten scheiterte dieses Vorhaben.

Auch ein alleiniger Abverkauf des Schlosskomplexes an verschiedene Interessenten wurde seitens der Treuhand verwehrt. In Folge wurde der Schlosskomplex, als Teil eines Gesamtpakets von Immobilien, unter Investitionsauflagen an „Travel Charme" veräußert. Diese konnten die begonnenen Sanierungsarbeiten nicht zu Ende führen. Dabei spielten denkmalschützerische und wirtschaftliche Aspekte eine starke Rolle.

In **1998** bestand die Chance die Treuhandverträge rückabzuwickeln. Diese wurde vertan. Der Ansatz dafür waren unter anderem ausbleibende Investitionen in die Bausubstanz, die vertraglich gebunden waren. Schon zu dieser Zeit bahnte sich das Fiasko um das Schlossareal an.

In **2001** wurde der Hotelbetrieb aufgegeben.

Seitens des Eigners folgten mehrere Versuche potente Käufer zu finden. So wurde das Gesamtareal auch für symbolische „Ein Euro" an ein britisches Immobilienunternehmen übertragen. Diese sollte das Areal an geeignete Investoren bringen. Die für den Innenpark anfallenden Bewirtschaftungskosten von immenser Höhe musste durch das Maklerbüro aufgebracht werden. Das Vorhaben war nicht von Erfolg gekrönt. Später wurde die BOB Consult GmbH Weimar Eigentümer ... das führte dazu, dass aus dem Areal ein Spekulationsobjekt der wechselnden Gesellschafter wurde und dieser „Weg" leider in einer Sackgasse endete, aus der es wohl nur einen Ausweg gegeben konnte.

Ende **2011** wurde der Förderverein Schloss und Park Reinhardsbrunn gegründet, der sich von nun an vehement für die Interessen von Reinhardsbrunn einsetzte. ... und wir haben in unserem „Freundeskreis Schlossfreunde Reinhardsbrunn" mit privaten Initiativen Veranstaltungen und Publikationen und von Beginn an auch als Mitglieder im Förderverein weitergemacht ... und haben gemeinsam obsiegt.

In 2015 initiierten wir noch im Sommer eine kurzfristig großangelegte Unterschriftensammlung in Form einer Petition an das Land Thüringen. Wir wollten mit einem solchen Zeichen den handelnden Akteuren den Rücken stärken, den erstmalig in der Geschichte des Nachkriegsdeutschlands beschrittenen Weg einer Enteignung zugunsten des Gemeinwohles, betrieben durch das Land Thüringen, bis zum Erfolg zu gehen. Die ca. 4.500 persönlichen Unterschriften haben gewirkt und wurden im Oktober in der Staatskanzlei in Erfurt dankbar entgegengenommen. In den folgenden Jahren war es unser Anliegen Reinhardsbrunn, als Teil unseres kulturellen Erbes, in den Herzen der Menschen wachzuhalten. Hunderte Besucher unserer jährlich abgehaltenen „Reinhardsbrunner Poesienächte" haben dazu beigetragen nicht müde zu werden. Mittels Publikationen und einem jährlichen Kalender rund um die historischen Wurzeln von Reinhardsbrunn, haben wir so versucht, das uns Mögliche an die kommende Generation weiterzugeben.

Das Schloss Reinhardsbrunn wurde dann im Juli **2018** mit Beschluss des Landesverwaltungsamtes enteignet, um es so vor dem Verfall zu retten. Die Zulässigkeit dieser Enteignung wurde anschließend bestätigt. Ein abschließendes Urteil von der Baulandkammer des Gerichts erfolgte im Dezember des gleichen Jahres.

Seitdem werkeln die verschiedensten Gewerke im Schlosskomplex mit seinem Park und setzen schon einmal einzelne Glanzlichter.

„Die Liebe erträgt alles,

die Liebe duldet alles,

die Liebe verzeiht alles,

in der Liebe ist alles möglich,

aber die Liebe kämpft nicht,

sie siegt, indem sie schweigt

und sich zurückzieht."

Martina Giese-Rothe

In **2023** wurde eine Ideenfindung seitens des Landes Thüringens, mittels der landeseigenen Gesellschaft LEG ins Leben gerufen, in welche natürlich auch wir uns einbringen wollten. Dazu konnten wir unsere Projektidee einreichen.

Nachfolgend geben wir einen Einblick in die speziell „Elisabeth von Thüringen" betreffende Passage unseres Projektvorschlags Schloss und Park Reinhardsbrunn

von der Initiative „Reinhardsbrunner Poesienacht" (den "Schlossfreunden"), vertreten von Martina Giese-Rothe und DI (FH) Peter Köllner

aus den Erläuterungen zum Vorschlag:
…
2. Welchen Einfluss haben weltanschauliche, spirituelle, und soziale Aspekte?

In diesem Punkt versuchten wir den Anteil der Bevölkerung in Deutschland zu Religionsgemeinschaften aufzuzeigen und das damit verbundene wirtschaftliche Potential für den Tourismus in den Fokus zu rücken. Deutschland ist ein Land das, wenn man die Anzahl der Mitglieder in Religionsgemeinschaften als Maßstab nimmt, hauptsächlich von Christen bevölkert wird. Im Jahr 2021 waren etwa 21,6 Millionen Menschen Mitglieder der römisch-katholischen Kirche. Weitere 19,7 Millionen gehörten der evangelischen Kirche an.

Der Islam ist eine weitere in Deutschland vertretene Religion. Das Bundesamt für Migration und Flüchtlinge geht 2021 davon aus, dass insgesamt etwa 5,5 Millionen Muslime in Deutschland leben. Im Jahr 2021 betrug die Anzahl der Mitglieder der jüdischen Gemeinden in Deutschland rund 92.000. Obwohl das Judentum im globalen Kontext eine Weltreligion ist, zählen die Anhänger dieser Religionsgemeinschaften in Deutschland zusammen mit den Anhängern des Buddhismus und des Hinduismus zu einer Minderheit.

Viele Menschen wenden sich bei Beendigung ihrer Kirchenzugehörigkeit nicht vom Glauben, sondern von der Institution Kirche, ab. Laut einer Umfrage der IfD Allensbach zu Religion in Deutschland ist die Zahl der Personen, die an der Bedeutung von Religion festhalten, sogar gestiegen. Im Jahr 2021 hielten insgesamt 17,5 Millionen Menschen Religion oder eine feste Glaubensüberzeugungen im Leben für ganz besonders wichtig.

Die Mitgliedszahlen in den jüdischen Gemeinden Deutschlands nehmen stetig ab. Die jüdischen Gemeinden und Landesverbände werden nicht jünger. Rund ein Drittel der jüdischen Gemeinschaft ist inzwischen älter als 71 Jahre. Dies wird sich in Zukunft wohl nicht ändern.

Die Entwicklung der Mitgliederzahlen der muslimischen Gemeinden hingegen ist nur schwer zu prognostizieren. Ein Großteil der Asylsuchenden in Deutschland sind zwar Muslime, ob die geflüchteten Personen jedoch ihren Glauben aktiv praktizieren und sich den muslimischen Gemeinden anschließen, ist nicht gesichert.

(Quelle: https://de.statista.com/themen/125/religion/#topicOverview)

Grob zusammengefasst kann gesagt werden, dass Deutschland hälftig christlich geprägt ist. Der Bevölkerungsanteil, der nicht christlich geprägt ist, ist dennoch, was wohl in der Natur des Menschen liegt, spirituell ansprechbar und in Gruppen unterschiedlichster sozialer Prägungen organisiert. …

4.   Neubewertung der touristischen Ausrichtung von Reinhardsbrunn nach C.

In 2020 haben wir uns mit verschiedenen Szenarien der Tourismusentwicklung auseinandergesetzt. Dazu verweisen wir auf den Aufsatz „Quo Vadis – Reinhardsbrunn - Tourismus in Reinhardsbrunn-Friedrichroda nach der Pandemie" vom August 2020.

Wir gehen davon aus, dass es zu einem neuen holistischen (Holismus => Eines der populärsten holistischen Denkmodelle ist die Gaya-Hypothese, die das System Erde mit einem Organismus gleichsetzt.) Gesundheitsverständnis kommen wird. Gesundheit wird unseres Erachtens wesentlicher in einem ganzheitlichen Kontext gesehen werden, was auch die Tourismusbranche stark beeinflussen wird.
Gleichzeitig glauben wir, dass es zu einem Umdenken, hin zu Naturheilverfahren kommen sollte. Dies ist ein Bereich der von jedem Einzelnen individuell Anwendung finden kann. Das Vertrauen in die Schulmedizin kann nur gestärkt werden, wenn der oftmals offenkundig im Vordergrund stehende Kommerz nicht mehr dominant ist. Dazu bedarf es der Rückbesinnung auf die Naturheilverfahren. Ziel sollte es sein, zuallererst die körpereigenen Schutzsysteme in einer intakten Umwelt für die Regeneration von Körper und Geist, zu stärken. Der

bessere Ansatz für eine gute Erholung ist es die seelische Balance anzustreben. Als ein Beispiel sei hier auf den Trend „Waldbaden" verwiesen.

Wenn der Tourismus hier bestand haben soll braucht er ein neues Narrativ. Der Erholungssuchende sollte nicht nur als Konsument betrachtet werden. Es gilt vordergründig dessen Neugier gezielt zu wecken und zu stillen. Die Generierung von Kaufkraft für unsere Region ist dann ein willkommener Nebeneffekt. Unser Tourismus braucht Mystik, Spiritualität, Emotionen, Geschichten und reale „Helden" (solche, die nicht nur einer virtuellen Realität entsprungen sind, sondern tatsächlich gelebt haben) Wenn wir es schaffen unsere Gäste auf einer Heldenreise zu begleiten werden wir, davon sind wir überzeugt, langfristig Erfolg haben. Mehr dazu findet der Interessierte in der Arbeit des Mythenforschers Joseph Campbell.

Es gilt das volle Potential, welches einst mit der Anlage der Parklandschaft Reinhardbrunn entstanden ist zum „Grünen Herz" nicht nur Thüringens, sondern Deutschlands und darüber hinaus zu erschließen. Dieses „Grüne Herz" steht für Hoffnung und Neuanfang.

Nutzungskonzept - Schlosskirche und nord-östlicher Teil des Innenparks

Um der Bedeutung von Reinhardsbrunn auch als Hauskloster und Grablege der Ludowinger gerecht werden zu können, ist es unseres Erachtens wichtig, die Nutzung des stark sanierungsträchtigen Bestandes, wie der Schlosskirche, in geeigneter Weise einer zeitgemäßen, würdevollen Nutzung zuzuführen. Hier bestehen zum einen in sich begründete sakrale Ansätze, als auch dem „Zeitgeist" geschuldete säkulare Nutzungsansätze. Diese Aspekte sehen wir unsererseits als nicht vollumfänglich durch uns bewertbar an. Um sich hier orientieren zu können, bietet es sich gegebenenfalls an, auf schon existierende Erfahrungen zurückzugreifen, oder den Sachverhalt kompetent durch externe Partner bewerten zu lassen.

Die Schlosskirche ist ein Sakralbau und historisch prägnanter Ort. Nach Sanierung, entsprechend der künftigen Nutzungen des vorhandenen Bestandes, ist der entstehende Besucherraum Allen zugänglich zu machen – natürlich in einem angemessenen, aufeinander abgestimmten Rahmen. Dies sollte grundsätzlich vertraglich bindend geregelt werden.

Die sakrale Nutzung sollte keinesfalls konfessionsgebunden sein, sondern in der Ökumene praktiziert werden.

„Ökumene" heißt übersetzt „die ganze bewohnte Erde" und meint die Verbundenheit von Christen verschiedener Konfessionen. ...

(Quelle: https://www.ekd.de/was-bedeutet-oekumene-73364.htm)

Die Epitaphen-Kammer muss, u. E., als ein „Ankerpunkt" der Ludowingerdynastie in Thüringen etabliert werden. Die ehemalig dort gezeigten Grabplatten/Epitaphen müssen zumindest als Replikate (mit Verweis auf die Georgenkirche in Eisenach) und auch auf neue Art (virtuell) einem möglichst breiten Publikum zugänglich gemacht werden. Als geweihtem Ort steht die Schlosskirche auch sakralen Nutzungen offen. Das ergänzt auch ein mögliches Angebot dieses Ortes als „Hochzeitkapelle". Hier können die standesamtlichen, als auch konfessionellen Trauungen praktiziert werden – bei Interesse sogar „Hand in Hand". Dazu sind Räumlichkeiten, die zum einen dem Standesamt (Büro), als auch der sakralen Nutzung (Sakristei) zugeordnet werden können notwendig und in die Planungen einzubeziehen.

Über die Ausstattung der Schlosskirche mit einer geeigneten Orgel ist nachzudenken.

Neben der sakralen Nutzung steht die Örtlichkeit für kulturell orientierte Nutzungen (z.B.: Kammerkonzerte, Konzerte, Lesungen usw.), zur Verfügung.

Vorschlag – für den Fall, das eine Fremdmeinung hilfreich sein kann: Nutzungsveränderungen von Kirchengebäuden führen häufig zu Kontroversen, an denen unterschiedliche Interessen und Bedeutungszuschreibungen verhandelt werden.

Ziel der DFG-Forschungsgruppe ist, durch die Zusammenführung unterschiedlicher Forschungsansätze aus Liturgiewissenschaft und Kirchentheorie, Philosophie und Raumtheorie, Architektur, Immobilienwirtschaft, Denkmalschutz und Kunstgeschichte eine praxisrelevante „Theorie des sakralen Raumes" im 21. Jahrhundert zu erarbeiten.

Beteiligt sind die Universitäten Bonn, Leipzig, Wuppertal und Köln sowie die Katholische Akademie Schwerte.

Untersuchungsräume sind Aachen und Leipzig.

DFG-Forschungsgruppe an der Universität Leipzig

Parkteil - Elisabeth-Ort:

Am vermuteten geografischen Punk im ehemaligen Münster >> Errichtung einer Andachts- „Elisabeth-Kapelle", vorzugsweise sakrale Nutzung, mit Veranschaulichung der im Boden verborgenen Reste der alten Klosteranlage.

- Verortung Elisabeth von Thüringen mit der Grabstätte von Ludwig IV.
- Etablierung einer Erinnerungsstätte in Ergänzung zur Epitaphen-Kammer der Schlosskirche.

Diese kann nicht dauerhaft für die Öffentlichkeit zur Verfügung stehen, wird sie gleichzeitig im Event-Sektor platziert.

Alternativ zu einer Elisabeth-Kapelle ist auch ein Elisabeth-Pavillon geeignet, der Verortung der Grablege von Ludwig IV. Raum zu geben.

Elisabeth hatte hier ihren Ehemann 1228 (um Pfingsten) unter großer Anteilnahme des Volkes und von geistigen und weltlichen Würdenträgern zur letzten Ruhe gebettet.

Im „Gedächtnis-Ort" sollte mittels eines geeigneten Kunstobjekts (Stehle mit Inschrift und/oder einer

„postmodernen" Skulptur) auf das Ereignis und Elisabeth von Thüringen, Hessen und Ungarn, als Begründerin des Hospizwesens in Thüringen und Hessen aufmerksam gemacht werden. Hier liegt die weltliche Liebe von Elisabeth begraben, was dem Sinnbild von Reinhardsbrunn, als mythischem und geheimnisvollem Ort, Nahrung gibt.

Mit der Elisabethkemenate wurde 1906 auf der Wartburg ein Raum geschaffen, der wohl einer solchen Zielsetzung mit einem anderen Focus Raum geben sollte.

An diesem Ort ergeben sich starke Verknüpfungen zu Mystik, Spiritualität und altem Heilwissen

>> siehe auch: Studie zu „Zeichen und Wunder in Reinhardsbrunn", v. P. Köllner, Eigenverlag, 2022,

Thüringen

Mein Land
Meine Heimat
Mein Thüringen
Ein Land im Werden

Ein Tal
der Ruhe,
der Stille,
der Geborgenheit.

Hier bin ich zu Hause.

Martina Giese-Rothe
2015

Bild 13

Wir malen ein Bild vom einstigen Kloster. Diesem liegen Recherchen in den verschiedensten Quellen zugrunde.

Ausstattung des Münsters und der Kapellen im Klosters Reinhardsbrunn

Der Indulgenzbrief von 1499 gibt über prägende Bestandteile der Kirchenausstattung des Klosters eine relativ verlässliche Auskunft.

Im Kloster zur Zeit des ausgehenden 15. Jhd. befanden sich 24, im Brief benannte, Altäre.

Im Chorbezirk, dem *chorus fratrum* standen:

1. der **Hochaltar**;
2. der **Altar der vier Evangelisten**;
3. der **Altar der Apostel Peter und Paul**;
4. der **Altar der Brüder Jacobus und Johannes**

Die Altäre 2,3 u. 4 befanden sich hinter dem Hochaltar in der Apsis.

5. der **Benediktaltar** – im rechten Querschiffsarm
6. der **Stefan- und Elisabethaltar** – im linken Querschiffsarm
7. der **Thomasaltar** - im linken Querschiffsarm

Im rechten Querschiffsarm ist nur ein Altar angeordnet, dafür sind m. E. bauliche Gegebenheiten der wahrscheinlichste Anlass.

In der "**Unteren Kirche**" befanden sich weitere neun Altäre.

8. der **Kreutzaltar** – hinter der Scheidewand zum Chorbezirk – hier wurde die Messe für die Laien gelesen.
9. der **Bartholomäusaltar** – im rechten ersten Seitenschiffsjoch nach dem Kreuzgang zu.
10. der **Armenaltar** – im linken ersten Seitschiffsjoch nach dem Friedhof der Laienbrüder zu

Insgesamt sechs Altäre befanden sich an den drei ersten Pfeilerpaaren des Schiffs außerhalb der Chorschranke. Diese waren rechts- und linksseitig, symmetrisch im Schiff des Münsters der „unteren Kirche" angeordnet:

11. der **Simon- und Juda-Altar** - rechtsseitig
12. der **Bonifaciusaltar** – rechtsseitig
13. der **Michaelisaltar** –rechtsseitig
14. der **Philippus-und-Jacobus-minor-Altar-**
    linksseitig
15. der **Altar der 14 Nothelfer** – linksseitig
16. der **Allerheiligenaltar** - linksseitig

In der **Martinskapelle**, auch das „**Paradies**" genannt befanden sich insgesamt drei Altäre:

17. der **Martinsaltar**
18. der **Wahrnleichnamsaltar**
19. der **Veitsaltar** – über 17 und 18 in einer getrennt begehbaren Ebene

In der **Marienkapelle** standen drei Altäre:

20. der **Hochaltar der Heiligen Jungfrau**
21. der **Andreasaltar** – rechtsseitig vom Hochaltar
22. der **Katharinaaltar** – linkss. vom Hochaltar

Dazu kamen außerhalb des Münsters ein Altar **im Infirmarium** (Krankensaal in der Klausur/im nur für Ordensangehörigen zugänglichen Bereich):

23. der **Barbaraaltar**

… und ein Altar in der **Kirchhofskapelle**.:

24. der **Nikolausaltar**

Die **Privatkapelle des Abts** hatte mit großer Wahrscheinlichkeit gleichfalls **einen Altar**; dieser wird im Brief nicht erwähnt.

Auch **der Altar der Torkapelle** wird nicht erwähnt; wahrscheinlich war sie nicht mehr in Nutzung und wurde deshalb aufgegeben.

In allen diesen Altären befanden sich zahlreiche **Reliquien von Heiligen**;
allein in den Altären der Laienkirche **waren es** *zusammen mindestens 80-100* **Stück.**

Unter ihnen befanden sich insbesondere:

- Reste vom Heiligen Kreuz und den anderen Marterwerkzeugen, der Geißelungssäule, der Dornenkrone und des Essigschwamms;
- auch Dinge wie Steinchen vom Grabe des Herrn, vom Grab der Maria und vom Ölberg;

- Splitter von der Krippe des Herrn, vom Tisch des Herrn und vom Tisch der heiligen Elisabeth;
- ein Stück vom "Felsen des Erzengels Michael" !!!;
- Überbleibsel und Knochenreste von 50 namentlich aufgeführten heiligen Aposteln, Märtyrern und Bekennern
- ... und von ungezählten namenlosen: von der Thebaischen Legion (6600 Christen?)
- ... und den 11 000 Jungfrauen!
  (Die Zahl 11.000 geht vermutlich auf einen Lesefehler zurück. In frühen Quellen ist zugleich auch von nur 11 Jungfrauen die Rede. Wahrscheinlich wurde die Angabe „XI.M.V." statt als „11 martyres virgines" fälschlich als „11 milia virgines" gelesen.)

Über das Aussehen der Altäre ist nur wenig zu erfahren:

- Auf dem Hochaltar im Presbyterium stand eine *Statue der Madonna.*
- In der Marienkapelle befand sich auch ein *Bild der heiligen Anna*:

- Über dem Kreuzaltar erhob sich ein großes Kreuz (Kruzifix), begleitet von Maria, Johannes und Maria Magdalena.
  (Diese Zusammenstellung war in jener Zeit eher selten.)

Ein weiteres großes Kreuz stand in der *Siechhauskapelle*.

1499 waren wohl alle Altäre mit Statuen, Bildertafeln oder Schreinen mit den Schnitzfiguren ihrer Heiligen (und all jener, deren Reliquien in sie eingelegt waren) geschmückt. Von den sonstigen Ausstattungsstücken ist kaum etwas bekannt geworden;

1451 werden **drei Orgeln** erwähnt,

1404 und 1470 wir die Lichterkrone vor dem Hochaltar erwähnt.

Von einem Sakramentshäuschen und von einem Chorgestühl wird nichts erwähnt.

Im Kreuzgang gab es folgende Kunstwerke:

- die Wände waren mit Epitaphien und sein Fußboden mit Grabplatten von „Amtherren" bedeckt, 1780 wurde die Platte des Priors

Huthermann aus dem frühen 16. Jahrhundert gefunden

- inmitten des Kreuzgangs war eine *Mariensta-tue* aus Stein positioniert

Auf dem Kirchhof befand sich ein weiteres **großes steinernes Kunstwerk**, der *"Ölberg"* mit den Figuren des betenden Jesus und der schlafenden Jünger Petrus, Jacobus und Johannes. Von diesem wird 1479 berichtet.

Über den "Schatz" der Kirche, Altargerät, Messbücher, Priesterornat usw., geben Listen aus dem Jahre 1525 Auskunft. Diese berichten auch vom Aussehen vieler Gegenstände und vom Geldwert einiger besonderer Stücke. Welchen künstlerischen Wert sie hatten, bleibt offen. Als besonders kostbar werden aufgeführt:

- 1 großes silbernes Kreuz mit 4 Juwelen
- 1 silberne Monstranz, die 115 Gulden gekostet hatte
- 1 runde, silberne Monstranz, in die ein Kristall gefasst war
- 1 silberne Taube
- viele silberne, vergoldete Kelche

- 2 Plenarien (buchförmige Reliquienbehälter), silbern und vergoldet
- 1 Buch mit "einem silbernen Marienbilde und mit Silber und Edelgestein belegt"
- 1 Evangelienbuch "mit einem Kruzifix und mit Silber belegt"
- 2 vergoldete silberne "Bischofstäbe", über 400 Gulden wert
- mehrere "Eptische Hüte" (Mitren), darunter silberne und vergoldete mit Steinen
- zahlreiche Kaseln (Messgewänder): goldene und samtene, mit erhabenen breiten Kreuzen, Bildern oder "Rosen" bestickt und mit vergoldeten Silberspangen
- ergänzt durch passende, "ähnlich" verzierte Pluviale (Chorkappen) und Dalmatiken (Diakonröcke)
- auch einige Humerale (Schultertücher), mit silbernen "Rosen" bestickt und mit Perlen besetzt
- usw.

Die große Menge solcher Kleidungsstücke kann damit erklärt werden, dass in Hochzeiten bis zu 50 und mehr Priester an den Altären des Münsters Dienst taten. Laut Auflistung gab es nur zwei silberne Rauchgefäße. Alle Leuchter bestanden aus Messing.

Die Klosterbibliothek

Wir können uns anhand der Nachrichten über die Reinhardsbrunner Bücherei und des Epistolarkodex ein gutes Bild von der Belesenheit und Bildung sowie den literarischen Interessen der Mönche machen. Es ist selbstverständlich, dass Klöster, die wie Reinhardsbrunn eine sehr rege Geschichtsforschung und Geschichtsschreibung betrieben, eine umfangreiche Bücherei besaßen.

Der Mönch, der im 14. Jahrhundert die Cronica Reinhardsbrunnensis verfasste, hat meines Erachtens (m.E.) neben einheimischen Quellen, die mit Sicherheit in der Klosterbücherei vorhanden waren, auch die zugänglichen fremden Werke benutzt. Es ist davon auszugehen, dass die Reinhardsbrunner Benediktinermönche sich solche Werke nicht nur zur Benutzung entliehen, um diese einmal zu lesen und dann wieder zurückzusenden, sondern um im Kloster eine Abschrift des jeweiligen Werkes angefertigt und so seltene Exemplare ihrer Bücherei hinzugefügt zu haben. Es gab z.B. eine Reinhardsbrunner Abschrift der Erfurter Handschrift von Ekkehards Weltchronik. Diese Abschrift ist bei der Zusammenstellung der Cronica Reinhardsbrunnensis verwendet worden.

Anhand von Quellen können wir uns ein anschauliches Bild über die Bücherei Reinhardsbrunn machen. Der Reinhardsbrunner Epistolar-Kodex vermittelt uns Kenntnisse über die Büchersammlung Reinhardsbrunns im 12. Jahrhundert. Er ermöglicht uns eine genauere Einschätzung des Buchbestands der Reinhardsbrunner Bücherei. In der Cronica Reinhardsbrunnensis wird von einem Buchbesitz Reinhardsbrunns zur Zeit des Brandes des Klosters im Jahre 1292 berichtet.

Dort heißt es:
"Eodem anno ecclesia Reynersborn exusta est . . . turres ecclesie cum campanis, maior ecclesia cum omnibus ornamentis, libris, ... perierunt."
(„In demselben Jahre brannte das Kloster Reinhardsbrunn aus . . . Die Türme der Kirche mit den Glocken, die größere Kirche mit allen Schmuckstücken, Büchern . . . wurden vernichtet.")

Meines Erachtens ist es wahrscheinlich, dass unter "libri" nicht die komplette Bücherei zu verstehen ist. Wären tatsächlich alle Bücher der Bibliothek durch Flammen zerstört worden, hätte der Schreiber wohl explizit darauf hingewiesen. So sind wahrscheinlich „nur" die in den beiden Kirchen aufbewahrten Mess-

und Gesangbücher verlorengegangen und die geschichtlich bedeutenden Reinhardsbrunner Buchbestände sind zumindest teilweise erhalten geblieben. Eine andere, wichtige Aussage über die Reinhardsbrunner Bücherei findet sich in dem Augenzeugenbericht des Priors Listemann über die Zerstörung Reinhardsbrunns im Jahre 1525: " ... Item hernach haben sie (Anm.: die aufrührerischen Bauern) die Sacristien geöffnet, Kisten und Schrencke zubrochen, alle Priesterliche Gewand darauß gestohlen, vnd vntereinander getheilet, Auch einen Silbern Kelch mit genommen, Item die Sang Bücher , Meß Bücher, Bethe Bücher , mit allen andern geschrieben , vnd gedruckten Büchern der gantzen Librarey geschatzt vor 3000 Gülden, zuhauen, zuschnitten, zurißen, vnd mitten im Hoffe des Closters verbrandt."

Die Zerstörung der Reinhardsbrunner Bücherei ist schwerwiegend. Da aber die Bücherei in der Hauptsache das landläufige juristische und theologische Schrifttum beinhaltete, ist der Verlust von Wissen nicht als absolut zu betrachten. Schmerzhaft ist nur der Verlust einiger weniger Werke, worauf ich im Folgenden versuche einzugehen.

Eine genauere Kenntnis über den wichtigsten Bestand der Reinhardsbrunner Bücherei finden wir in einem **Bücherverzeichnis** von 1514.

Im Jahre 1514 wurde die Universitätsbücherei in Wittenberg gegründet. Aus diesem Anlass kam es zur Sammlung von Verzeichnissen von Klosterbüchereien. **Spalatin** (Anm.: ein ehemaliger Georgenthaler Zisterziensermönch) war die Verantwortung für die neue Stiftung anvertraut worden. Diese Verzeichnisse (acht an der Zahl) dienten ihm offensichtlich als Anhaltspunkte für die ersten Erwerbungen für die neue kurfürstliche Bücherei. 1548 siedelte die Bücherei nach Jena über. Auch heute noch ist das Reinhardsbrunner Verzeichnis hier zu finden.

Die Handschrift des Reinhardsbrunner Verzeichnisses ist eine kleine Quart *(Anmerkung: kl. 4° = ca. 23-26 cm;"1 Blatt" ergibt gefaltet 4 Blatt und somit bedruckt 8 Seiten!)* und zählt 12 Blätter Papier. Das erste dient als Titelblatt.

Nr. II. Index Bibliothecae Rainherssbrunnensis 1514. Fulgentius Platiados.

Dann folgt das Verzeichnis der Handschriften, eingeleitet durch die Worte:

„Anno domini millesimo quingentesimo quartodecimo tercia Ambrosii episcopi scrutata est bibliotheca monasterii Reinherssbornensis et primum reperti sunt ibidem libri, demptis pancis bapireis, pergamenci calamo olim dumtaxat scripti, ordine tali, ut sequitur."

Übersetzung:

„Im Jahre des Herrn 1514 wurde als Dritte des Bischofs Ambrosius die Bücherei des Klosters Reinhardsbrunn durchsucht, und zuerst fand man ebendort, abgesehen von wenigen aus Papier, Bücher aus Pergament, die einst natürlich mit der Feder geschrieben sind, in folgender Anordnung."

Nach dem Verzeichnis der Handschriften folgt das der gedruckten Bücher. Es beginnt mit den Worten:

„Eodem anno et die quibus supra reperti sunt libri i mpressi in memorata bibliotheca omnes praeter sexturn decretalium et Clementinas bapirei hoc ordine ut sequitur."

Übersetzung:

„In demselben Jahre und am selben Tage wie oben fand man in der erwähnten Bücherei gedruckte Bücher, alle aus Papier außer dem sechsten Buch der Verordnungen und den Clementinä, in folgender Ordnung."

Im Folgenden führe ich nur die Handschriften auf. Wie es bei Klosterbüchereien wohl normal ist, beginnt das Verzeichnis mit Werken über die Bücher der Bibel, so Schriften Haimos und Robert Holkots, sowie anderen theologischen Abhandlungen. Insgesamt sind es 59.

Es folgen "Cronica monasterii Reinherissbornensis" und "Parvula Cronica."

Im Verzeichnis werden dann weiter 26 theologische Schriften aufgeführt, darunter Thomas de Aquino in libros sentenciarum und einige Werke Hugos von Sankt Viktor; danach Vita beate Elisabet et illustris Ludewici Thuringie lantgravii etc. ac mariti eiusdem, in stilo latino, feliciter quiescentis in Reinhersbron . (*Das Leben der seligen Elisabeth und des berühmten Ludwig, des Landgrafen von Thüringen ... und des Gatten derselben, der glücklich in Reinhardebrunn ruht, in lateinischer Sprache.*)

Dann auch eine Handschrift mit dem Titel: Vita beate Elisabet et incliti Ludewici Thuringorum lantgravii etc. in Reinhersbron pie in domino quiescentis una cum miraculis eorundem ' in stilo vulgari.

(*Das Leben der seligen Elisabeth und des berühmten Ludwig, des Landgrafen der Thüringer usw., der in Reinhardebrunn fromm im Herrn ruht, zusammen mit ihren Wundern, in deutscher Sprache .*)

Das erste dieser beiden Werke ist offensichtlich die Reinhardsbrunner Variante der Vita Hlg. Elisabeth von Dietrich von Apolda, das andere ist wohl das deutsche "Leben Ludwigs des Heiligen".

Das Verzeichnis führt weitere 49 theologische Schriften auf. Einige davon betreffen die Benediktinerregeln. Es folgen noch Handschriften klassischer Werke wie z.B.:

"Epistole Senece" ("Briefe des Seneca", 1.Jh.),

"Seneca de clemencia ad Neronem imperatorem" (Seneca,"An Kaiser Nero über die Milde"),

"Liber topicorum et liber elencorum Aristotelis" (Aristoteles, "Topik" - das 5. Buch des "Organon").

Im Handschriftenverzeichnis werden **147** Bände aufgeführt.

Inzwischen konnte ich auch Einsicht in das vollständige handschriftliche Bücherverzeichnis nehmen. An einer Aufarbeitung der Auflistung der gedruckten Bücher arbeite ich noch. Die Dokumentation der wertvollsten Handschriften vermittelt ein gutes Gesamtbild der Schwerpunkte der Reinhardsbrunner Bücherei zur damaligen Zeit. Sie ist ein gutes Indiz für das hohe Bildungsniveau der Reinhardsbrunner Mönche.

Bei der Plünderung Reinhardsbrunns im Bauern-
krieg des Jahres 1525 sind offensichtlich nicht alle
Bücher verloren gegangen, da die bedeutendsten
vorher nach Weimar in "Sicherheit" gebracht wur-
den. Einige der Bücher könnten meines Erachtens
somit noch erhalten geblieben zu sein.

Die folgenden Ausführungen sind einer Studienar-
beit entnommen:

„… Es steht einwandfrei fest, dass der Codex Cobur-
gensis, der in der Hauptsache das deutsche "Leben
Ludwigs des Heiligen", außerdem noch Rothes Le-
ben der heiligen Elisabeth und das Leben der Jutta,
der "Zuchterin" der heiligen Elisabeth, enthält, zur
Reinhardsbrunner Bücherei gehörte. Er ist ja sogar
im Bücherverzeichnis erwähnt.
Dieses Werk hat nun einen ganz auffälligen Einband
und Stempel, die ein Beispiel sind für die Geschick-
lichkeit der Reinhardsbrunner Buchbinder.
Der Holzdeckel des Einbandes ist mit Schweinsleder
überzogen, das in Felder geteilt und durch Stem-
pelaufdruck verziert ist. Diese Stempel zeigen drei
verschiedene Arten Rosetten, ein vom Pfeil durch-

bohrtes Herz mit Rhombuseinfassung, einen Pelikan, einen schreitenden Löwen und einen einköpfigen Adler mit Kreisumfassung. Messingbleche bedecken die Enden an Kante und Rand an der Ecke und nach dem Rücken zu. In den Ecken und in der Mitte sind starke Messingbuckel angebracht. Die Rückseite umrahmen vorn und hinten aufgesetzte Messingröhrchen; diese werden durch zwei gleiche, im spitzen Winkel aufeinander zulaufende weitere Messingröhrchen verbunden. Auf den Schließblechen und den Schließhaken stehen aufgedruckt die Buchstaben ANN (= Anna).

Wenn man noch einige Werke mit demselben, gewiss nicht alltäglichen Einband findet, kann man sicher annehmen, dass sie aus derselben Werkstatt stammen. So können wir schließen, dass der cod. Goth. (Gotha) B. 52, der eine Abschrift des Codex Coburgensis ist, der Reinhardsbrunner Bücherei angehörte. Auch den cod. Berol. Diez C. oct. 35, eine französische Vulgatahandschrift des 14. Jahrhunderts, verweisen der auffällige Einband und ein Eintrag auf dem Deckel nach Reinhardsbrunn. Im Verzeichnis ist diese Handschrift zwar nicht erwähnt, aber es scheint überhaupt nicht alle vorhandenen Handschriften anzuführen. Jedoch gibt das Reinhardsbrunner Kopialbuch aus dem Anfang des 16.

Jahrhunderts, dessen späteste Zeitangabe aus Urkunden 1504 ist, den sicheren Beweis, dass der cod. Cob. und cod. Berol. Diez C. oct. 35 zur Reinhardsbrunner Klosterbücherei gehörten. Es wäre erfreulich, wenn sich anhand des Einbandes noch andere Reste der Reinhardsbrunner Bücherei feststellen ließen." (sic!)

Quelle: Gerhard Klaube, Studienarbeit „Reinhardsbrunn – Der geistige Mittelpunkt Thüringens zur Zeit der Ludowinger", Halle(?), 1936

Die Klosterschule

Die thüringischen Landgrafen strebten nicht nur danach, Reinhardsbrunn äußeren Glanz zu verleihen, sondern es auch zum Bildungsmittelpunkt ihres Herrschaftsbereichs zu machen. Der Sachverhalt, dass Reinhardsbrunn ein Konvent der Benediktiner war, erwies sich dabei als besonders günstig. Die Benediktiner legten großen Wert auf die Förderung der Wissenschaften. Körperliche Arbeit nahm für sie wohl eine untergeordnete Rolle ein. Dies zeigt sich nach darin, dass in Reinhardsbrunn eine Klosterschule unter der Leitung eines *rector puerorum* (Direktor der Kinder) existierte.

Im benachbarten Kloster Georgenthal, einer Zisterziensergründung, gab es hingegen keine vergleichbare Einrichtung. Die Zisterzienser legten den Schwerpunkt stärker auf körperliche Betätigung.

Die Klosterschule in Reinhardsbrunn genoss hohes Ansehen und war weit über die Region hinaus bekannt. Die guten Beziehungen zum Mutterkloster in Hirschau ebneten den Weg für einen stetigen Wissenstransfer nach Reinhardsbrunn. Die dortigen Mönche hatten eine herausragende Bildung. Einer der bedeutendsten von ihnen war der Scholastiker Wilhelm, der im Jahr **1091** Abt des Hirschauer Klosters war und als einer der gelehrtesten Deutschen seiner Zeit galt.

Im Reinhardsbrunner Epistolar-Kodex finden sich zahlreiche Briefe, in denen um Aufnahme in diese renommierte Schule gebeten wird.

Die Gemahlin von Landgraf Ludwig der Eiserne zeigte ihr besonderes Interesse an den Schulknaben und kümmerte sich während ihrer häufigen Besuche in Reinhardsbrunn persönlich um sie.

So konnte sich Reinhardsbrunn durch den Bildungsanspruch seiner Mönche und den Schutz der mächtigen thüringischen Landgrafen zu einer wichtigen Bildungsstätte der (sieben) freien Künste entwickeln.

Die *Reinhardsbrunner Chronik* gilt heute als eine wertvolle Quelle der deutschen Geschichte und ist so ein wichtiger Bestandteil des geschichtlichen Erbes der Reinhardsbrunner Mönche.

Klostergebäude um ca. 1500

Kirche, Klausur, Nikolauskapelle, Siechhaus, Kellerei und Kemenate bildeten zusammen den **Klosterhof.**

Die große Kemenate wurde nach dem Niedergang des Klosters zum „Großes Haus" umgebaut, später dann in seinem äußeren Erscheinungsbild völlig verändert und so zu dem uns heute bekannten „Hohen Haus" des Schlosses Reinhardsbrunn. Es ist somit das vom Grundsatz her älteste, noch vorhandene Gebäude aus der Klosterzeit.

Im *Klosterhof* standen noch eine Reihe von Wirtschaftsgebäuden:

- das **Badehaus** *südlich* der Klausur
- das **Backhaus** *nördlich* der Kirche/*Münster und nahe am Mühlteich*
- eine **Ansammlung von Gebäuden** *östlich des Klosters und der Kapellen auf dem Abhang* (der sich vom Laienkirchhof abwärts senkte) – die zwei Größten südlich der Marienkapelle. Sie hatten Ost-West-Ausrichtung. Ihre Länge betrug ca. 40 m und 30 m
- das **Badhaus der Brüder/Mönche** stand am tiefsten Punkt, auf dem *Prälatenteich*

Die meisten dieser Gebäude und die hier entlangführende Klostermauer wurden nach dem Ende des Klosters abgerissen. Deren Fundamente wurden 1804 wiederentdeckt.

Der Klosterhof war vom *westlich* gelegenen **Wirtschaftshof** durch eine von *Norden nach Süden* verlaufende **Innenmauer** getrennt und durch das „**Mitteltor**" zugänglich.

Das Tor war ein besonderer Bau mit gewölbter Durchfahrt und einem Seyerhäuslein.

Der „kleine Mühlhof" nördlich des Klosterhofes schloss sich der „kleine Mühlhof", der von einer eigenen Mauer umgeben war, an. Innerhalb der Mauer stand die Klostermühle. Sie war unterhalb des Mühldammes angeordnet. Vom Klosterhof aus war der „kl. Mühlhof" durch das Backhaustor erreichbar. Nach Draußen gelangte man von der Klostermühle aus durch das Mühltor. Zwischen beiden Toren war der Dammweg angelegt. Heute ist dieser der Weg durch die Nordeinfahrt des Schlosses entlang des Teiches in Richtung Schloss.

An das Mitteltor, dem Verbindungstor vom Klosterhof zum Wirtschaftshof hin, war das Stockhaus angebaut. Dieses war das zweite Gefängnis. Hier wurden die Gefangenen in den „Stock" gelegt. An der Stelle, wo die Innenmauer an die, den Gesamtkomplex umfassende Ringmauer traf, stand der ehemalige „Frauenturm". Das war das erste Gefängnis. Es hatte ein sehr massives Erdgeschoß, das als Verlies genutzt wurde. Das Verlies war nur über ein Loch im Gewölbe zugänglich. Das Obergeschoß war in Fachwerkbauweise ausgeführt und nur über eine Leiter erreichbar

Der große Wirtschaftshof

Der Wirtschaftshof wurde der *„Hof des Großen Kellners"* genannt. Er war mit **Werkstätten** und den dazugehörigen **Gesindeunterkünften** bebaut. Hier befanden sich auch **Stallungen** und die dazu gehörenden **Scheunen**.

In diesem Bereich scheinen sich auch das Gasthaus für die Pilger und Besucher, als auch das Spital für die Pilger und zum Klostergut gehörigen Bewohner (Bauernfamilien, Knechte und Laien) befunden zu haben.

Der große Wirtschaftshof hatte ein höheres Bodenniveau als der Klosterhof. Auf Grund dessen war eine Wasserversorgung nur aus einer gesonderten Quelle, als dem *„Reinhardsborn"* möglich. Diese Quelle lag in der *Bornwiese*. Das Wasser wurde über Holzrohre herbeigeführt die Leitung speiste den *„Bornstock"* (Springbrunnen) bei den Ställen und auch einen Springbrunnen in der „Küche".

Der große Wirtschaftshof war über das **Westtor** mit der Außenwelt verbunden.
Dieses befand sich in ca. 30 m Entfernung, in nördlicher Richtung, vom heutigen Westtor. Das damalige Westtor wurde vom „Krötenteich" flankiert. Dieser füllte einen tiefen Wassergraben der vor dem Tor gelegen war. Darüber hinweg führte eine Brücke,

Das **Torhaus** war ein zweigeschossiger Steinbau mit einer gewölbten Torfahrt. Darüber war eine *Wächterstube* angeordnet. Das Dach war als Satteldach mit Giebeln nach Norden und Süden ausgeführt.
An der Südseite des Torhauses schloss das **Fachwerkhaus des Gerichtsknechtes** an.

Bild 14, Kreuzigungsrelief von Erasmus Postars

An die Nordseite schloss die „**Torkapelle**" an. Diese wurde 1406 eingeweiht. Schon um 1500 herum fand hier kein Gottesdienst mehr statt.

Das **Kreuzigungsrelief** von Erasmus Postars schmückte dieses Tor.

Die Klostermauer

Die „Ringmauer" war in ihrer Linienführung größtenteils die gleiche, wie heute. Sie umschloss ein Gebiet von ca. 400 m Länge in nordsüdlicher Richtung und von ca. 350 m Breite in westöstlicher Richtung.
Der hälftige, südliche Teil davon war der „große Garten". Er wurde als Obst- und Gemüsegarten, sowie auch als Weide genutzt.
Die Nordmauer führte anfangs am Südufer des Mühlteiches entlang Die Ringmauer war wesentlich dicker und höher (ca. 4 m hoch und 1 m dick) als die heute noch erhalten Mauerabschnitte. Sie war nicht tief gegründet und unterlag ständigem Zerfall. Deshalb wurde sie über die Jahrhunderte hinweg ständig erneuert und verändert.

Bild 15

TEIL 3

Ereignisse und Erzählungen

in und um

Reinhardsbrunn

Romantik in Reinhardsbrunn

Nicht nur mystische, rätselhafte oder gar sonderbare Ereignisse gibt es von Reinhardsbrunn zu berichten. Sogar romantische Geschichten prägen das Bild des wunderschönen Klosters und Schlosses. Im Jahre 1868 lernte Kaiser Wilhelm hier Auguste Viktoria von Schleswig-Holstein-Sonderburg- Augustenburg kennen. Im Sommer 1878 sahen sie sich in Potsdam wieder und feierten 1881 in Berlin Hochzeit.

Obwohl es zur damaligen Zeit als unpassend galt, eine Frau zu heiraten die 3 Monate älter war, wurde es eine glückliche Ehe. Dies zeigte sich auch im Laufe der Ehejahre. Kaiserin Auguste gebar sechs Söhne und eine Tochter. Sie stand auch in schlechten Zeiten ihrem Mann treu und unterstützend zur Seite. Als Kaiserin war sie vom Volk geliebt und engagierte sich für karitative und wohltätige Organisationen, sodass man eine wunderschöne und zauberhafte Rose nach ihr benannte:

"Die Rose Kaiserin Auguste Viktoria."

Viele romantische Beziehungen und Ehen bahnten sich hier im Kloster und späteren Schlosspark an. Auch später, zur Zeit der damaligen DDR, als hier das internationale Hotel seine Niederlassung im Schlosspark hatte. Viele davon erinnern sich heute noch daran und können so von "ihrer Liebesgeschichte" auf romantische Art erzählen. Jedoch schaut ein jeder von diesen Paaren mit traurigen Augen auf diese tolle und wunderbare Zeit zurück. Als sie sich einst hier trafen und kennenlernten, war dies ein gepflegter Schlossgarten, eingebettet in eine wunderschöne Parkanlage. Genauso, wie man sich den Beginn einer romantischen Beziehung in einem glanzvollen Märchenschloss vorstellt. Einige hatten dabei das Gefühl, hier die Prinzessin in ihrem eigenen Film zu spielen. Jedoch schauen sie heute in diese Anlage, ist der Schock groß und einigen steht der Schrecken ins Gesicht geschrieben. Was ist bloß aus dieser einstigen idyllischen Parkanlage geworden, in der ihre Romanze so märchenhaft begann. Die vielen Hochzeitspaare, die hier ihre Eheschließungen feierten, trauern den schönen Zeiten nach, wo einst die Anlage in ihrem feenhaften strahlenden Glanz erblühte. Wünschten sie sich doch alle, dass diese Zeiten wieder zurück wären, man in das Schloss könnte, an den Ort, mit dem sie sich tief im Innersten, mit ihrem Herzen für immer verbunden fühlen. Diese Bilder vor Augen, könnten sich auch hier wieder erneut romantische und wundervolle Beziehungen finden lassen.

Bild 16, Rose „Kaiserin Auguste Victoria"

Der Einsiedler

Franz von Assisi war zu der damaligen Zeit einer der bekanntesten Vertreter des Armutsideales. Er beeinflusste wohl Elisabeth in ihrer strengen religiösen Vorstellung ein Leben in Armut, Gehorsam und Keuschheit zu führen. Im Jahre 1224 gelangten die ersten Franziskaner nach Erfurt. Es lässt sich vermuten, dass sie über Eisenach zogen und somit Elisabeth mit ihnen Kontakt hatte. Ab dem Jahre 1223 war allerdings schon der Laienbruder Rodeger in den Franziskanerorden aufgenommen worden. Dieser wurde bald darauf zum Vorsteher und geistlichen Berater von Elisabeth ernannt. Er unterrichtete als geistlicher Lehrmeister Elisabeth sich Armut, Keuschheit, Erniedrigung, Geduld und Gehorsam zu wahren. Sie sollte in Gebeten wachen und sich in der Barmherzigkeit üben. Franz von Assisi hatte mit seinen Idealen Elisabeth bis zu ihrem Tode beeinflusst. Dazu bedurfte es nicht viel, da Elisabeth von ihrer Grundhaltung dem Prunk des thüringischen Landgrafenhofes schon von Anfang an sehr kritisch gegenüberstand. Das Elisabeth eine besondere Beziehung zu Franz von Assisi und den Franziskanern hatte, lässt sich auch daran erkennen, dass Elisabeth ihr im Jahre 1229 in Marburg erbautes Spital nach dem kurz zuvor heiliggesprochenen Franziskus weihte.

Ebenso hatte, den Erzählungen und Überlieferungen zufolge, der Einsiedler Siegfried, einst auch bekannt als Abt Siegfried auf dem Walpurgisberge bei Arnstadt, mit seiner Lebensweise der Frömmigkeit und Gottergebenheit Elisabeth als Beispiel gedient. Siegfried lebte am Rande des Klostereigens von Reinhardsbrunn in der Nähe des Klosters Georgenthal. Ob Elisabeth ihm begegnete oder nur von ihm hörte, ist nicht dokumentiert, gleichwohl anzunehmen ist, dass Elisabeth von ihm Kenntnis hatte. Dies liegt nahe, weil beide in Beziehung zum Kloster Reinhardsbrunn standen und hier evtl. ein Kontakt in ihrer frühen Kindheit zustande kam. Der Einsiedler Siegfried lebte in Abgeschiedenheit, sein Leben war geprägt von Beten, Wachen und Fasten. Als er geschwächt am 30. Januar 1215, auf der Erhebung, wo einst Asolveroth (später St. Georgsberg genannt) war, nahe dem Alten Berg verstarb (Quelle: Mitteilungen der Vereinigung für Gothaische Geschichte und Altertumsforschung, Jahrg. 1906/1907, S. 7), stritten sich Kloster Georgenthal und Kloster Reinhardsbrunn um den Leichnam, hatte er doch all sein geistliches Wirken,

die Gebete und seine innere Einkehr in der Johannis-
kirche abgehalten. Jeder sah sich in erster Linie be-
rechtigt, diesem frommen Mann in ihrem Kloster
eine Grablege zu geben. Schließlich bestatteten Mön-
che von Reinhardsbrunn ihn in ihrer Klosteranlage.
Nachdem Siegfried hier seine letzte Ruhe fand,
wurde immer wieder von Wundern an seinem
Grabe berichtet.

Bild 17: Einsiedler, Holzschnitt, 15,1 × 19,3 cm, Sammlung: Univer-
sitätsbibliothek Erlangen, Zeichner: Wolf Traut (1478–1520), 1513
(Sinnbild)

Lieber Gott,

manchmal lässt du
uns Wege gehen,

die nicht immer zu verstehen
oder einfach sind

Danke,

dass du uns hierbei
Maria zur Seite stellst.

Martina Giese-Rothe

Der steinerne Fenstergucker

Selbst bis heute ist nicht ganz geklärt, um wen es sich bei dem steinernen Fenstergucker hier im Schloss Reinhardsbrunn handelt. Soll es ein Graf vom Schloss sein? Sagen berichten, der Baumeister habe sich hier verewigt. Wiederum aber wird gerätselt, ob es sich nicht etwa um Luther handelt. Wer also könnte dieser charmant dreinschauende Fenstergucker sein? Machen wir uns doch einmal ein paar Gedanken über diesen reizenden, seitlich hervorschauenden steinernen Mann.

Martin Luther lebte von 1483 bis 1546. Könnte etwa er hier aus dem Mauen des Schlosses hervorschauen? Martin Luther schätzte den Kontakt mit den Reinhardsbrunner Mönchen und machte hier in im Kloster 1521 auf dem Weg nach Worms zum Reichstag halt. Unter seinem Decknamen "Junker Jörg" durchstreifte er oft während seines "Zwangsaufenthaltes" auf der Wartburg die Wälder um Friedrichroda und Reinhardsbrunn. Es wird sogar berichtet, dass er hier im Kloster Reinhardsbrunn geheime Gespräche mit den Mönchen geführt haben soll. 1525 wurde das Kloster Reinhardsbrunn während des Bauerkrieges geplündert und beschädigt.

Der langsame Um- und Wiederaufbau begann erst ab dem Jahre 1601. Dachte man hierbei wirklich noch an Martin Luther?

Friedrich Wilhelm der I. von Sachsen- Weimar (geb. 25. April 1562, gest. 07. Juli 1602) ließ nach der Einstellung des Klosterbetriebs in Reinhardsbrunn 1601 die ehemalige Abtskemenate in ein Amtshaus umbauen. Sein Bruder Johann III. plante sogar den Wiederaufbau des Klosters. Allerdings verstarb er, bevor es zur Bauausführung kam. Seine Witwe Dorothea Maria ließ hier zwischen den Jahren 1607 und 1616 die Hauptgebäude des heutigen Schlosses errichten. Johann von Sachsen-Weimar war bekannt dafür, dass er sich mehr für Kunst, als für Politik interessierte. Ließ deshalb seine Witwe aus künstlerischen Gesichtspunkten ihren verstorbenen Ehemann aus der Mauer hervorschauen? Vergleicht man den steinernen Fenstergucker mit Abbildern von Johann von Sachsen-Weimar, könnte man hier fast sagen, es seien Ähnlichkeiten vorhanden. Wer die beauftragten Baumeister dieser Epoche waren, ist bisher nicht bekannt.

Unter Herzog Ernst dem I. von Sachsen-Coburg und Gotha (im 19. Jahrhundert) wurde begonnen die

Schlossanlage in den heute sichtbaren Baustil umzu-gestalten. Die verantwortlichen Bauräte für die Bau-ausführung waren zu dieser Zeit der Baurat Eber-hardt aus Gotha und Carl Alexander Heideloff aus Nürnberg. Hat sich einer von diesen Bauräten hier im Mauerwerk ein Denkmal gesetzt? In den einseh-baren Bauzeichnungen von Baurat Eberhardt ist der "Fenstergucker" zu sehen. Eine Erläuterung zu die-sem Gestaltungselement ist nicht zu finden. Dieser Turm soll wohl noch aus der Zeit des ersten Schloss-baus stammen. Das verweist dann eher auf die vor-herige These.

Heideloff stammte aus einer Stuttgarter Künstlerfa-milie. Reinhardsbrunn im Herzogtum Sachsen-Coburg wurde durch seinen Baustil mitgeprägt. Hei-deloff war Architekt, Denkmalpfleger, Zeichner und Kunsthistoriker. Sein künstlerisches Wirken in Ver-bindung mit der Architektur führte zu einem durch-aus guten und prägenden Baustil. Verstand er es sich hier geschickt, versteckt einzubringen?

Man kann also weiter rätseln, wer der Mann im Mauerwerk ist. Betrachtet man ihn genauer, hat man den Eindruck, dass er etwas mitzuteilen hätte. Auch wenn nicht geklärt werden kann, wer dieser Späher

am Fenster sein soll, ist eines ganz sicher: „Dem da-
maligen Künstler ist mit diesem "Fenstergucker" ein
"Meisterwerk" gelungen, das noch bis heute die
Menschen beeindruckt und dazu anregt, über diesen
Mann zu rätseln." der Autor

Bild 18

Ein Mann schaut aus der Mauer,
man betrachte ihn genauer.

Was will er uns sagen?
Leider können wir ihn nicht fragen.

Wer ist dieser rätselhafte Mann?
Kein Chronist sagt seinen Namen an!

Was in all den Jahren ist geschehen,
kann er uns leider nicht erzähl´n.

Drum bleibt es spannend
und wir rätseln weiter.

„Wer ist wohl dieser Mann,
der blickt aus den Mauern so heiter?"

Martina Giese-Rothe

Tod beim Hochzeitswalzer

18. August 1822

Lautes Lachen, Freude und ausgiebige Feierlaune machte an diesem Tage hier im herzoglichen Parkhotel in der Nähe des Schlosses seine Runde. Es gehörte fest in den Außenpark von Reinhardsbrunn und beherbergte oft Gäste des damaligen Herzogs. Leider existiert dieses nicht mehr, da es in 2001 abgerissen wurde. Der Sohn des damaligen Königlich Sächsischen Amtsverwalters feierte hier seine Hochzeit. Von je her feiert man schon in gleicher Weise diese Art der ehelichen Verbindung. Erst erfolgt die eigentliche Eheschließung, im Anschluss daran wird dies ausgiebig gefeiert. So sollte es auch bei dieser Hochzeit sein, doch es kam ganz anders. Der Brautvater, der Königlich Sächsische Amtsverwalter, eröffnete mit der Braut die Feier mit einem Tanz, klassischerweise mit dem Walzer.

Als dieser beendet wurde, ereignete sich folgendes tragisches Schicksal, welches im Staatsarchiv Gotha folgenderweise festgehalten und nachzulesen ist:

Todes-Anzeige

Am 18ten dieses Monates, mittags 1:00 Uhr, entriss mir ein plötzlicher Tod meinen geliebten Vater in seinem 56. Lebensjahr auf eine höchst niederschlagende und traurige Weise. An jenem Tage nämlich, wo ich in Gesellschaft meines gedachten Vaters, der nächsten Verwandten und Freunde, meine am Morgen dieses Tages allhier vollzogene eheliche Verbindung mit der Tochter des Herrn Senators zu Reinhardsbrunn zu feiern beabsichtigte, halle mein Vater bald nach unserer Ankunft daselbst in der frohesten und vergnügtesten Laune meine nunmehrige Gattin zu einem Walzer engagiert, kaum aber einmal im Saale herumgewalzt und sich wieder niedergesetzt, als er plötzlich von einem Schlagflusse getroffen wurde und in Folge dessen wenige Minuten darauf, zum Erstaunen der Anwesenden, dadurch in die größte Bestürzung geratenen Gäste, ohngeachtet aller zu seiner Wiederbelebung auf das schnellste angewendeten und möglichen Versuche, in meinen Armen verschied.

Allen meinen Freunden und Bekannten hier selbst, welche meinen verewigten Vater gekannt haben und meinen tiefen Schmerz über den Verlust desselben erwägen können, zeige ich dieses höchst traurige Ereignis mit betrübten Herzen an. und empfehle mich, unter höflichster Verbittung aller, meinen Schmerz nur vergrößernden Beileidsbekundungen, ihrem ferneren freundschaftlichen Wohlwollen.

Ich verfehle nicht, mit dieser schmerzlichen Anzeige zugleich meinen innigsten Dank für die mir höchsten Orts zuteil gewordene Begünstigung, dass ich die entseelte Hülle meines verewigten Vaters an einem anmutigen, in den nächsten Umgehungen gelegenen Platze hab zur Erde bestatten lassen dürfen, hiermit zu verbinden und öffentlich auszusprechen, indem ich in dieser Begünstigung einen Beweis der allgemeinen Teilnahme an dem Schicksale erkenne, welches mich so hart getroffen hat.

Memento mori !
(lat. " Gedenke des Todes")

Gotha, am 21. August 1822 (sic!)

Ausgerechnet bei einem so freudigen Ereignis schlägt das Schicksal hier in Reinhardsbrunn sehr hart zu. Warum ausgerechnet bei dieser Hochzeit?

Heute weist noch ein Denkmal auf dieses Ereignis hin und das mit Blick auf den ehemaligen Gasthof, wo sich dieses tragische Schicksal zugetragen hat.

Es zeigt, dass Menschen eine so enge Beziehung zu Reinhardsbrunn aufbauen können, dass sie hier sogar ihre letzte Ruhestätte haben möchten.

Bild 19

Bild 20, Queen Victoria ca. 1862

Die Residenz der Königin

zum 160-jährigen Jubiläum im September 2022, von Peter Köllner

Es war im Jahr 1862, zu dem Zeitpunkt, da der Sommer in den Herbst wechselte, als die Menschen im Tal von Reinhardsbrunn in eine besondere Regsamkeit verfielen. Hoher Besuch stand bevor. Der Anlass aber war ein zutiefst trauriger. Nach nunmehr fast 17 Jahren kehrte Königin Victoria von Großbritannien, im Alter von 43 Jahren, zusammen mit einem großen Gefolge und ihren Kindern, die über den gesamten Zeitraum bei ihr waren, Baby (Beatrice, 4 Jahre), Leopold (9 Jahre), Arthur (12 Jahre), Louise (14 Jahre) und Alfi (Alfred, 18 Jahre) nach Reinhardsbrunn zurück.

Hier verbrachte sie eine ersehnte Auszeit vom englischen Hof auf der Suche nach seelischer Balance, bedingt durch das viel zu frühe Ableben ihres Prinzgemahls Albert am 14. Dezember 1861.

Reinhardsbrunn war für sie die allererste Wahl, hatte sie doch hier eine glückliche Zeit mit ihrem geliebten Prinz Albert verbringen können.

Am 28. August 1845 schrieb sie in ihr Tagebuch:

„Nach dem lieben Rosenau, ist es Reinhardsbrunn, dass mich mehr als irgendetwas sonst glücklich macht. Es würde mir gefallen, hier wenigstens eine Woche verweilen zu können."

Bild 21: Stich, Besuch v. Queen Victoria 1862 in Reinhardsbrunn, koloriert, den zugehörigen Artikel finden sie im Anhang

Auch erfüllte das Schloss Reinhardsbrunn alle Anforderungen, die dem Status der wohl mächtigsten

Frau dieser Zeit und der Vormachtstellung des britischen Empires in der Welt entsprachen. So führte ab Mitte des 19. Jh. die Trasse der Thüringischen Eisenbahn von Eisenach über Fröttstädt nach Gotha, Erfurt, Weimar bis nach Halle. Damit war der Anschluss der Region an das internationale Schienennetz gegeben. Ein anderes, aber wichtiges Argument scheint der drahtgebundene Anschluss der Schlossanlage in Reinhardsbrunn an das internationale Telefon- und Nachrichtennetz gewesen zu sein [1].

Die Ankunft der Queen in Reinhardsbrunn erfolgte nach der Bahnfahrt von Brüssel bis kurz hinter Eisenach, zur Privatstation Mechterstädt[2]. Hier wartete Ernest von Coburg und seine, der Queen vertrauten Bediensteten, mit Kaffee auf die Gäste. In Mechterstädt musste Victoria vom Zug auf die Kutsche umsteigen. Da ein entsprechender Bahnsteig fehlte, wurde eigens für diesen Zweck für sie eine königliche Treppe gezimmert. Die Kosten übernahm ihr Schwager Herzog Ernst II.

Queen Victoria beschreibt dies so: "Ich stieg mit viel Bangen aus dem Zug aus und bestieg einen meiner eigenen Wagen, der von meinen eigenen Postillionen und Pferden gefahren wurde. Wir fuhren nach Reinhardsbrunn, vorbei an Dörfern, auf Nebenstraßen, nicht durch Gotha, - durch Waltershausen und Schnepfenthal. Es waren viele Bauern auf den Feldern. Es war schrecklich für mich zu fühlen, dass ich allein in Deutschland war, ohne meinen Geliebten."

Reinhardsbrunn. Portail de la galerie.

Bild 22

Es war am 5. September 1862 vormittags, als Alexandrine, die Frau von Herzog Ernst, die Gäste am Eingang zum Schloss willkommen hieß. Was mag Victoria wohl in diesem Augenblick empfunden haben?

Der Besuch sollte sich bis in den Oktober hinein erstrecken. Insgesamt verweilte sie an diesem Ort 29 Tage (4 Wochen + 1 Tag). Während ihres Aufenthaltes in Reinhardsbrunn kam es zu mannigfaltigen Begegnungen mit vertrauten

Bekannten, Menschen der Region, des Adels und des Bürgertums.

Besonders hervorzuheben ist meines Erachtens die Tatsache, dass Queen Victoria hier in Reinhardsbrunn viel Zeit mit allen ihren Kindern, so auch mit Vicky (Victoria, 22 Jahre) und deren Gemahl Prinz Friedrich Wilhelm von Preußen und ihren drei Kindern, mit Berti (Albert, 21 Jahre), als auch mit Alice (19 Jahre) und deren Gatten Louis (späterer Großherzog Ludwig IV. von Hessen und bei Rhein) verbracht hat.

Vicky kam mit Fritz (ihrem Gatten) und ihren drei Kindern am Montag 15. September, Nachmittag ca. 16.00 Uhr in Reinhardsbrunn an. Ihr Aufenthalt wurde stark von den Ereignissen, in der Zeit vom 17. Sept. bis zum 23. Sept., um den Amtsantritt von Otto von Bismarck als Ministerpräsident geprägt, Queen Victoria stand Bismarck eher skeptisch gegenüber.

Bertie weilte ab 17. September 1862 in Reinhardsbrunn. Er kam am Nachmittag ca. 16.30 Uhr mit einiger Verspätung hier an. Zuvor hatte er sich in Belgien aufgehalten und von dort einen Brief an seine Mutter gesendet. Er begann so:

„Meine liebste Mama,

das alles entscheidende Ereignis hat heute stattgefunden. Ich habe der Prinzessin (Pzn. Alexandra) in Laeken einen Heiratsantrag gemacht und sie hat mich angenommen, und ich kann Dir nicht sagen, wie dankbar ich dafür bin. ....

... Ich fragte sie, wie es ihr in ihrer Heimat gefalle und ob sie eines Tages in mein Land kommen und wie lange sie bleiben wolle. Sie sagte, sie hoffe auf eine gewisse Zeit. Daraufhin sagte ich, dass ich hoffe, dass sie immer dortbleiben würde, und bot ihr meine Hand und mein Herz an. Sie sagte sofort ja, aber ich sagte ihr, sie solle nicht zu schnell antworten, sondern es sich gut überlegen. Sie sagte, das hätte sie schon längst getan. Dann fragte ich sie, ob sie mich mochte. Sie sagte ja. Dann küsste ich ihre Hand und sie küsste mich. ... "

Natürlich kam diese, für die Queen Victoria freudige Mitteilung, nicht wirklich überraschend. Als sie auf ihrer Anreise nach Reinhardsbrunn einen Zwischenhalt in Belgien bei ihrem Onkel einlegten, wurde ihr ihre mögliche, künftige Schwiegertochter Alexandra im Château de Laeken in Brüssel vorgestellt.

Hierzu schrieb sie ins Tagebuch: "Ich hatte allein zu sagen und zu tun, was unter anderen, früher glücklichen Umständen uns beiden gemeinsam zugefallen wäre. Es gelang mir nicht ohne große Rührung, der Prinzessin zu sagen, was ich tat: dass ich glaube, dass sie wüssten, was wir wünschten und hofften, und dass es für mich schrecklich sei, dies allein zu sagen. Ich sagte, dass ich darauf vertraue, dass ihre liebe Tochter (Alexandra), sollte sie unseren Sohn (Bertie) annehmen, spüren würde, dass sie dies mit ganzem Herzen und Willen tun würde. Sie versicherten mir, dass Bertie hoffen dürfe, dass sie es tue, und dass sie darauf vertrauten, dass auch er eine echte Neigung verspüre, und fügten hinzu, dass sie hofften, dass Gott ihrem lieben Kind die Kraft geben werde, das zu tun, was sie tun müsse, und dass sie in der Lage sein werde, meinem armen Herzen etwas Trost zu spenden, und dass sie sicher seien, dass sie mir bald ans Herz wachsen und Bertie eine gute Frau sein werde. Ich antwortete, ich würde alles tun, um ihr eine gute Mutter zu sein, aber ich fürchtete, sie käme in ein sehr trauriges Haus. ... Alexandra ist reizend, mit einem so schönen, raffinierten Profil und einer ruhigen, damenhaften Art, die einen sehr positiven Eindruck machte. ... Pzn. Alexandra ... sah reizend aus, in einem schwarzen Kleid, nichts im

Haar und Locken auf beiden Seiten, die ihr über die Schultern hingen, das Haar zurückgestrichen auf ihrer schönen Stirn. Ihre ganze Erscheinung war von größtem Charme, verbunden mit Schlichtheit und vollkommener Würde. Ich schenkte ihr ein kleines Stück weißes Heidekraut, das Bertie mir in Balmoral geschenkt hatte, und sagte ihr, ich hoffe, dass es ihr Glück bringen wird. Der liebe Onkel Leopold, der neben mir saß, war ganz entzückt von ihr. " (freie Übersetzung)

Am 6. September, bei der Heimkehr von einem Ausflug, erhielt Victoria ein Telegramm von Bertie, das kurz darauf von General Grey entziffert zugestellt wurde. In dem stand, dass er, Bertie, "heute einen Antrag gemacht hat und dieser angenommen wurde". Er bat seine Mutter um die Zustimmung und ihren Segen. Somit war es also eine beschlossene Sache!

Alice und ihr Gemahl Louis reisten am Samstag, den 20. September am Nachmittag, etwa 17 Uhr in Reinhardsbrunn an. Erst kurz zuvor hatte sich das Paar das JA-Wort gegeben. Ihre Vermählung war am 1. Juli 1862.

Während einer Ausfahrt über Tabarz am Vormittag des 21. Septembers erzählte Alice ihrer Mutter von ihrer freudigen Erwartung für die Zukunft. Sie sprach viel von ihrem Glück und wie harmonisch alles in ihrem kleinen Haushalt ablief.

Am 5. April 1863 kam Prinzessin Viktoria Alberta Elisabeth Mathilde Marie von Hessen und bei Rhein VA [3] als erste Tochter von Alice und Louis in Windsor Castle zur Welt.

Um die Korrespondenz zu erledigen, zog sich Queen Victoria regelmäßig zurück, oft geschah das am Abend. Zur täglichen Routine zählte es auch sich mittels ausgewählter Informationen zu den wichtigsten, tagesaktuellen Ereignissen auf dem Laufenden zu halten. Während ihres Aufenthaltes in Reinhardsbrunn unternahm Victoria fast täglich Ausflüge in die nähere Umgebung. Dabei war sie immer in Begleitung eines oder mehrerer ihrer Kinder.

Für die Ausflüge hatte sie eine eigens für sie gefertigte Ponykutsche (einen Ponystuhl) mit nach Reinhardsbrunn bringen lassen.

Im Folgenden nun ein gekürzter Blick auf ausgewählte Aktivitäten:

Freitag, der 5. September, wurde ein herrlicher Sommertag. Nachmittags unternahm Victoria eine "schöne Fahrt" mit ihrem Sohn Affie (18), Feodore (Halbschwester Victorias) und ihrer Tochter Lenchen (16), durch Klein Tabarz, Schnepfenthal und einen Teil des Waldes.

Am **Samstag, dem 6. September** morgens, regnete es sehr stark. Es goss scheinbar ohne Ende. Gegen Nachmittag klarte es auf und die Sonne kam hervor. Gegen 16.00 Uhr fuhr Victoria mit Feodore und den zwei Mädchen hinunter, um Alexandrine im Hotel "Schweizerhaus" zu sehen. Das Hotel fand sich am Eingang zu Friedrichroda. Feodore traf sich mit Amalie Hohenlohe Schillingsfürst (zu diesem Zeitpunkt Frau Lanchert) anderorts. Victoria fuhr mit Alexandrine und den Mädchen zurück. Dabei machten sie eine schöne Fahrt durch den Wald. Auf dem Heimweg ließen sie Alexandrine im Schweizerhaus zurück.

Hier hatte sich Herzog Alfred von Sachsen Coburg und Gotha mit seiner Frau Alexandrine, die ihr Schloss der Queen zur Verfügung stellten, für die gesamte Zeit einquartiert. Es erfüllte die höchsten Standards dieser Zeit. Auch "Vicky", die älteste Tochter von Victoria), ihr Mann "Fritz" und deren drei Kinder nahmen hier ihr Quartier.

Bild 23: Das **Schweizerhaus**, später dann das Hotel Herzog Alfred, etwa zu der Zeit als Queen Victoria 1862 in Reinhardsbrunn weilte.

... einige Eindrücke aus späterer Zeit befinden sich im Anhang zu diesem Beitrag.

Am **Sonntag, dem 7. September,** frühstückte Victoria mit Feodore oben in ihrem eigenen Zimmer. Sie ordnete verschiedene Dinge und erledigte ihre Korrespondenz.
Um 11.00 Uhr fand der Gottesdienst, zu dem auch Ernest und Alexandrine kamen, statt. Dr. Schwartz, der Generalsuperintendent, hielt die Predigt.

Dann ging es in Victorias kleinem Ponystuhl raus. Das Pony wurde von Brown geführt.

Bild 24: Queen Victorias Pony-Stuhl 1857 mit Bertie (im Alter von 15 a, Prince of Wales

Montag, der 8. September, versprach ein schöner sommerlicher Tag zu werden. So unternahm die Queen eine sehr ausgiebige Fahrt mit ihrer Tochter Louise (14) durch Friedrichroda, in Richtung Schmalkalden, zur Tanzbuche, "einem schönen Haus, wo es ein Wärterhaus gibt", das sie sofort als den Ort erkannte, wo sie mit Albert vor 17 Jahren nach der Großen Jagd zu Mittag gegessen hatten. Sie schrieb: *"Vieles in der Landschaft erinnert mich an Schottland & den Balloch Bhui."*

Der **9. September, ein Dienstag,** hatte einen herrlichen Morgen und so ging es auf den Abtsberg. Victoria schrieb: "Das war ein steiler Aufstieg, aber wir schafften es ganz gut. Die Aussicht war wunderschön. Zurück kamen wir einen kürzeren Weg und weniger rau und steil."

Am Nachmittag fuhr Victoria mit ihrer Tochter Lenchen (16) nach Ernstroda, "… einem sehr malerisch aussehenden Dorf".

Mittwoch, der 10. September, war ein sommerlicher Tag. Victoria unternahm zusammen mit ihrer Tochter Lenchen (16) in der kleinen Kutsche eine Ausfahrt. Dabei ging es mit den Ponys durch den Wald zur Schauenburg. Zuletzt wurde der Weg so steil, dass Victoria ausstieg und einige steile Felsen hinaufkletterte. Sie schreibt: "Die Aussicht über die verschiedenen Hügelketten und endlosen Wälder war sehr schön."

Am Abend desselben Tages machte Victoria eine schöne lange Fahrt durch "herrliche" Wälder und Täler. Es war ein schöner Abend, mit einem wunderbaren Sonnenuntergang. Victoria machte diese Ausfahrt zusammen mit Tochter Louise (14) und Sohn Arthur (12). Sie fuhren durch „Gross Tabarz", entlang unterhalb des Tennebergs und dann zurück nach Reinhardsbrunn (Victoria schrieb: "… nach Hause …") durch Waltershausen. "Die Dörfer sind alle wundervoll malerisch.", schrieb sie weiter.

Am **Donnerstag, dem 11. September,** fuhr Victoria mit Tochter Louise (14) zum Schweizerhaus, um Alexandrine zu sehen. Auch Ernest war kurze Zeit zugegen.

Der **13. September,** war ein sehr sommerlicher, heißer Samstag. Die Ausfahrt erfolgte mit der kleinen Kutsche. Tochter Lenchen (16) und Augusta B. ritten auf Ponys. Es ging den Ungeheuren Grund hinauf, durch herrliche Wälder zum Nebelberg, von dort aus konnte man den Inselberg sehr gut sehen. Einen Teil des Rückweges erfolgte zu Fuß. Victoria schrieb: *"Es war sehr schön und ein Teil des Waldes erinnerte mich an Schottland."*

Am **Sonntag, dem 14. September,** herrschte eine große Hitze. 10.00 Uhr war, wie auch am vorherigen Sonntag, Gottesdienst. Er wurde von General Superintendent Petersen gehalten. Im Anschluss daran sprachen die Queen und Alexandrine mit ihm. Sie war von der Unterhaltung sehr beeindruckt.

Im Anschluss ging es mit der kleinen Kutsche hinaus. Tochter Lenchen (16) und Sohn Arthur gingen zu Fuß. Victoria fand es seltsam, die Leute an einem Sonntagmorgen auf den Feldern Heu machen zu sehen!

Am Nachmittag fuhr Alexandrine mit Victoria und deren Sohn Leopold (9) auf einen Ausflug. Victorias Tochter Louise (14) folgte in einem anderen Wagen. Die Fahrt führte zur Tanzbuche, über den Spießberg und von dort in Richtung Friedrichroda, nach Hause.

Montag, der 15. September, war sehr heiß und schön. Victoria war mit der kleinen Kutsche unterwegs. Ihre Tochter Louise (14) und Janie E. ritten auf Ponys. Ziel war nach einem kurzen Weg, die Straße

hinauf zum Schloss Tenneberg. Zurück fuhr sie ei-
nen anderen Weg. Victoria traf viele Bauern, die alle
sehr höflich und freundlich waren. Sie hat mit eini-
gen von ihnen gesprochen. Zu späterer Zeit fuhr
Victoria mit Tochter Lenchen (16) und ihrem Sohn
Leopold (9) rund um Tabarz, heim durch Walters-
hausen und Tenneberg.

Château de Tenneberg.

Bild 25

Am **Dienstag, dem 16. September,** war es sehr heiß. Victoria fuhr mit ihrer Tochter Vicky (22) und deren Gemahl Fritz durch das Spießthal und den Ungeheuren Grund hinauf. Am späten Nachmittag machte sie in Begleitung einen Ausflug zum Reinhardsberg.

Am **Mittwoch, dem 17, September,** fuhr Victoria mit Bertie (21), nach dessen Ankunft in Reinhardsbrunn, zusammen mit Fritz und ihrer Tochter Vicky (22) durch Ernstroda und dann zurück nach Reinhardsbrunn. Es war ein sehr schöner Abend. Am späten Abend kühlte es etwas ab.

Der **Donnerstagmorgen des 18. September** war neblig. Am Nachmittag fuhr Victoria mit ihrer Tochter Louise (14) und einer Begleitung zum Schiesshaus in Tabarz. Hier traf Victoria auf ihre Ponykutsche (Anm.: Ponystuhl) und die Ponys.
Von da an ging es einen Teil des Felsenthals hinauf, das hatte Victoria sehr gut gefallen, dann ging es weiter zum Thorstein, "einem sehr merkwürdigen natürlichen Bogen, der ein schönes Tal hinunterschaut." Sie gingen einen Teil des Weges hinunter. In der Nähe von „Klein Tabarz" stiegen alle wieder in die große Kutsche und fuhren nach Hause. Victoria schreibt: "Es war sehr schön, aber kühl."

Schießhaus zu Tabarz.

Bild 26

Freitag, der 19. September, war ein klarer Spätsommertag. Victoria fuhr mit Tochter Vicky (22) nach Tabarz und den Mühlbacher Grund hinauf, bis sie den Gipfel des Inselbergs erreichten, … "wo sich ein kleines Gasthaus befindet. Der Inselberg selbst ist 2880 Fuß hoch und überblickt eine unermessliche Ausdehnung des Landes und endlose Gebirgsketten. Wir fuhren über den Jägers Grund und den Ungeheuren Grund nach Hause, nachdem wir in dem kleinen Gasthaus noch einen Kaffee getrunken hatten. Ich kam um 7.00 Uhr nach Hause, es war sehr kalt."

Auberge de l'Inselberg.

Bild 27

Vom 20. September bis zum 25. September herrschte prächtiges Spätsommerwetter, ein guter Start in den goldenen Herbst.

Am **Samstag, dem 20. September,** unternahm Victoria mit Tochter Louise (14) und Miss Hildyard (!) einen Ausflug nach Georgenthal, "einem sehr hübschen Dorf", dann kehrte sie über Altenbergen, Catterfeld und Rödichen zurück.

Nach der Ankunft, um 17 Uhr, von Alice & Louis von einer anstrengenden Reise tranken sie etwas Tee. Alice schien glücklich über das Wiedersehen mit ihrer Mutter zu sein. Dann gingen alle zum Schweizer Haus, wo Ernest und Victorias Sohn Bertie (21) mit Alexandrine warteten. Sie drehten eine Runde in der kleinen Kutsche von Victoria. Auch der gute Toward, der aus Osborne gekommen war, fuhr mit. Er war voller Bewunderung für alles, besonders für die Wälder.

Am **Sonntag, dem 21. September,** wurde im Erdgeschoss von dem ausgezeichneten General Superintendent Meyer, aus Coburg, Gottesdienst gehalten. Tochter Alice (19), Tochter Louise (14) und auch Alexandrine waren anwesend. Im Anschluss sah Victoria den Gen. Superintendent.

Victoria fuhr im Anschluss mit Tochter Alice allein durch Groß und Klein Tabarz.

Nach dem Mittagessen stellte Victorias Tochter Vicky (22) ihr den berühmten Autor Gustav Freytag

vor. So schreibt sie sinngemäß: "… wir hatten ein interessantes Gespräch mit ihm. Er ist sehr aufgeklärt und sympathisch. Unter anderem sprach er über die alarmierenden politischen "Verhältnisse" in Deutschland. Ich fühlte mich durch das Gespräch mit diesem bedeutenden Mann sehr beeindruckt."
Später dann fuhr Queen Victoria mit Alexandrine und ihrer Tochter Lenchen (16) nach Ernstroda und Friedrichroda.

Am **Montag, dem 22. September,** morgens regnete es, klarte aber später auf.
Victoria war an diesem Tag spät aufgestanden. Ihre Tochter Alice (19) kam zu ihr zum Frühstück.
Die Prinzen waren zum Schießen ausgegangen. Alice blieb den ganzen Tag in Reinhardsbrunn. Sie und Louis wohnten im Schweizerhaus, genau wie Ernest und Alexandrine.

Dienstag, der 23. September, war ein schöner Tag. Halb elf ging es in der kleinen Kutsche raus, Victorias Tochter Louise (14) und eine Begleitung ritten auf Ponys. Es ging hinauf zum Abtsberg, der sehr steil ist. Victoria stieg zeitweise aus und ging die steilsten Stellen hinauf und auch hinunter. Die zwei Jungen reisten zur Wartburg.

Am Nachmittag machte Victoria eine Ausfahrt mit ihren Töchtern Vicky (22) und Alice (19), durch den Lauchagrund, die Tanzbuche und zurück durch Friedrichroda, wo sie Alice abgesetzt haben.

Mittwoch, den 24. September, sind Victorias Töchter Lenchen (16) und Louise (14) mit den zwei Gouvernanten auf die Wartburg gegangen.

La Wartbourg après sa restauration.

Bild 28
Am Donnerstag, dem 25. September, sind die Prinzen alle auf die Jagd gegangen.

Victorias Tochter Alice fuhr sie in der Ponykutsche von Alexandrine bis zur Tanzbuche und über den Ungeheuren Grund nach Hause.

Am **Freitag, dem 26. September,** gab es einige leichte Regenschauer.
Tochter Vicky (22) mit Gemahl Fritz sind auf die Wartburg gegangen. Victoria war an diesem Tag eine Weile mit dem Ponystuhl unterwegs. Sie ist auch zusammen mit Augusta B. und ihrem Sohn Arthur (12) zu Fuß unterwegs gewesen.

Samstag, den 27. September, fuhr Victoria mit ihrer Tochter Alice (19) und Miss Hildyard auf den Inselberg. Sie schreibt: *"Der Abend war so warm und schön und die Ferne so klar, mit so schönen Lichtern. Es ist ein so schönes Land."*
Am selben Tag ist Sohn Arthur (12) auf seine Erkundungstour in den Harz aufgebrochen.

Am **Montag, dem 29.September,** war es sehr heiß. An diesem Tag zog Victoria mit der kleinen Kutsche los. Ihre Tochter Alice (19) begleitete sie auf einem Esel. Sie sind im Wald herumgelaufen, um im Schatten zu bleiben.

Victoria schreibt sinngemäß: "Ich skizzierte ein wenig. Nach dem Mittagessen sah ich ein sehr hübsches Bauernmädchen, von dem ich unbedingt eine Skizze machen wollte."

Victoria fuhr mit Tochter Alice (19) zur Tanzbuche, Tochter Vicky (22) und Tochter Lenchen (16) folgten ihnen. Ihr Sohn Leopold (9) war an diesem Tag sehr kränklich.

Am **Dienstag, dem 30. September,** unternahm Victoria ihre letzte Fahrt zusammen mit ihrer Tochter Alice (19). Bald darauf verabschiedeten sie und Louis sich von Queen Victoria.

Sohn Leopold (9) hatte einen schlechten Tag, mit viel Übelkeit, wenn auch ohne heftige Blutungen.

Victoria zeichnete zwei nette kleine Mädchen von 8 und 14 Jahren aus Ernstroda in ihrer „prächtigen Sonntagskleidung". Sie beendete die Skizze nach dem Mittagessen.

Am **Donnerstag, dem 2. Oktober** schreibt Victoria: "Mit der kleinen Kutsche auf den Reinhardsberg gefahren, Lenchen und Jane Churchill gingen spazieren. Wir machten Halt, um Friedrichroda zu skizzieren, das einem so schön zu Füßen liegt. Ich zeichnete weiter, bis der Regen mich zwang, nach Hause zu gehen." ...

Friedrichrode.

Bild 29

... "Als ich zurückkam, hörte ich, dass Professor Wilms angekommen war und dem armen Leopold starkes Zeug in den Mund getan hatte, worauf er anordnete, mit den Fingern beständigen Druck auszuüben, falls die Blutung wiederkehren würde. Gott sei Dank! Hat sie nicht."
Victoria beriet sich in dieser Sache mit Dr. Jenner, Sir C. Phipps und Gen. Grey. Sie legte fest, den Abreisetag nach Coburg auf den 3. Oktober festzulegen.

Freitag, der 3. Oktober, ist der Tag der Abreise nach Coburg. Victorias Sohn Leopold (9) hatte eine sehr gute Nacht, sodass die Ärzte sagten, er könne sicher reisen. Dr. Hassenstein (der mit Ernest in Afrika gewesen war) aus Gotha hat letzte Nacht am Bett von Victorias Sohn Leopold verbracht.

Victoria war am Vormittag mit zwei von ihren Töchtern im Ponystuhl unterwegs. Sie ging auch ein wenig spazieren. Das Wetter war ausgezeichnet.

Tochter Vicky (22) und ihre drei Kinder reisten schon morgens um 8.00 Uhr ab.

Es war kein Ende der Kutschen und Leute die abreisten auszumachen. Es waren insgesamt 200, die alle weggebracht wurden. Victoria ist um ¼ vor 13 Uhr nach Coburg aufgebrochen. Tochter Lenchen (16) und Sohn Bertie (21) fuhren mit Victoria in der Kutsche.

Victoria selbst schreibt an diesem Tag sinngemäß:

"Die Straße ist wunderschön, aber es würde zu lange dauern, sie zu beschreiben. Wir fuhren durch endlose malerische Dörfer und eine merkwürdige alte Stadt namens Schmalkalden, die in der Geschichte der Reformation berühmt ist, weiter zum Bahnhof von Wernshausen. Wir sahen endlose Reihen von Kutschen mit Dienern und Gepäck. Sohn Leopold (9) war schon einige Zeit vorher weitergefahren. Louise, Baby und die zwei Damen trafen uns am Bahnhof. Viele Leute waren dort versammelt. Wir fuhren im Zug an Thensa und Hildburghausen vorbei, zu denen wir beide 1845 gefahren waren! Dann kamen wir plötzlich auf die liebe wohlbekannte Festung und ich war völlig überwältigt. Fritz und Vicky holten uns am Bahnhof in Coburg ab.

Ich war furchtbar nervös. Sie und Lenchen stiegen mit mir in den Wagen und ein paar Minuten später standen wir vor der Tür des Schlosses. Nur Max Wangenheim half mir heraus. Wie in den Jahren 1845 und 1860."

Anhang 1:

Die Kinder von Queen Victoria und ihrem Prinzgemahl Albert (†14. Dezember 1861):

1. Victoria (*Vicky*) (* 21. November 1840; † 5. August 1901), Princess Royal
   ∞ 1858 Prinz Friedrich Wilhelm von Preußen; als Friedrich III. Deutscher Kaiser

2. Albert Eduard (*Bertie*) (* 9. November 1841; † 6. Mai 1910), Prince of Wales; als Eduard VII. König von Großbritannien und Irland, Kaiser von Indien
   ∞ 1863 Prinzessin Alexandra von Dänemark

3. **Alice** (* 25. April 1843; † 14. Dezember 1878)
   ∞ 1862 Großherzog Ludwig IV. von Hessen

4. Alfred (**Affie**) (* 6. August 1844; † 31. Juli 1900), Duke of Edinburgh und regierender Herzog von Sachsen-Coburg-Gotha
   ∞ 1874 Großfürstin Marija Alexandrowna Romanowa von Russland
   Ihm zu Ehren wurde der „Schweizerhof" in „Hotel Herzog Alfred" umbenannt.

5. Helena (**Lenchen**) (* 25. Mai 1846; † 6. Juni 1923)
∞ 1866 Prinz Christian von Schleswig-Holstein-Sonderburg-Augustenburg

6. **Louise** (* 18. März 1848; † 3. Dezember 1939)
∞ 1871 John Campbell, 9. Duke of Argyll

7. **Arthur** (* 1. Mai 1850; † 16. Januar 1942), Duke of Connaught and Strathearn
∞ 1879 Prinzessin Luise Margarete von Preußen

8. **Leopold** (* 7. April 1853; † 28. März 1884), Duke of Albany
∞ 1882 Prinzessin Helene zu Waldeck und Pyrmont

9. Beatrice (**Baby**) (* 14. April 1857; † 16. Oktober 1944)
∞ 1885 Prinz Heinrich von Battenberg

Eine Auswahl weiterer Personen:

Alexandrine
Alexandrine von Baden (* 6. Dezember 1820 in Karlsruhe; † 20. Dezember 1904 auf Schloss Callenberg), mit vollem Namen *Alexandrine Luise Amalie Friederike Elisabeth Sophie*, war durch Heirat mit **Ernst II.**, dem Bruder vom Prinzgemahl Queen Victorias, Albert, Landesherrin im Herzogtum Sachsen-Coburg-Gotha und Schwägerin Queen Victorias.

Sie ist Namensgeberin der Alexandrinenstraße in Friedrichroda. Mit deren Bau wurde 1891 begonnen.

Louis
Friedrich Wilhelm Ludwig IV. Karl von Hessen und bei Rhein (* 12. September 1837 in Bessungen; † 13. März 1892 in Darmstadt) war von 1877 bis 1892 Großherzog von Hessen und bei Rhein. Ludwig heiratete am 1. Juli 1862 in Osborne House auf der Isle of Wight Prinzessin Alice von Großbritannien und Irland (1843–1878), die zweitälteste Tochter von Königin Victoria. Alice war die Schwester der Prinzessin Victoria, wodurch Ludwig Schwager des Kronprinzen Friedrich, des späteren Deutschen Kaisers,

wurde, mit dem ihn seit seiner Jugendzeit im preußischen Militär eine Freundschaft verband. Mit Kronprinz Friedrich Wilhelm unternahm er 1869 auch eine ausgedehnte Orientreise zur Eröffnung des Suezkanals. Quelle: Wikipedia

Fritz

Friedrich III., mit vollem Namen Friedrich Wilhelm Nikolaus Karl von Preußen (* 18. Oktober 1831 im Neuen Palais in Potsdam; † 15. Juni 1888 ebenda), aus dem Haus Hohenzollern, war in seinem Todesjahr, dem Dreikaiserjahr, 99 Tage lang Deutscher Kaiser und König von Preußen. Im Deutschen und im Deutsch-Französischen Krieg war er ein preußischer Feldherr.

Friedrich und Prinzessin Victoria heirateten am 25. Januar 1858 in der Kapelle des St James's Palace in London.

Feodore

Prinzessin Feodora zu Leiningen, vollständiger Name Prinzessin Anna Feodora Auguste Charlotte Wilhelmine zu Leiningen (* 7. Dezember 1807 in Amorbach; † 23. September 1872 in Baden-Baden), durch Heirat Fürstin zu Hohenlohe-Langenburg, war die Halbschwester der britischen Königin Victoria sowie Nichte des ersten belgischen Königs Leopold I.

... Gustav Freytag

war ein deutscher Schriftsteller. (* 13. Juli 1816 in Kreuzburg, Oberschlesien; † 30. April 1895 in Wiesbaden)

Freytag verfasste späterhin auch politisch kritische Artikel, so unter anderem über die Niederschlagung des schlesischen Weberaufstandes, was eine steckbriefliche Fahndung durch Preußen zur Folge hatte. Er ersuchte deshalb seinen Freund Herzog Ernst von Sachsen-Coburg-Gotha um politisches Asyl und zog 1851 nach Siebleben bei Gotha. Herzog Ernst verlieh ihm 1854 den Hofratstitel.

Von Februar bis August 1867 war Freytag Abgeordneter für die Nationalliberale Partei im konstituierenden Reichstag des Norddeutschen Bundes. Bei der Wahl zur ersten Legislaturperiode des Reichstags kandidierte er nicht mehr. Als Begründung schrieb er im Juni 1867 an Herzog Ernst:

„[M]eine nächste Pflicht [ist], dafür zu sorgen, daß das wirkliche Leben meines Volkes den Adel der Poesie nicht verliert. Der Kunst und ihrer Lehre gehört zunächst, was ich von Kräften etwa habe. [...] In der Politik ist zweifelhaft, was ich leiste und nütze, in meinem Fach weiß ich's." (sik!)

Anhang 2:

Beitrag zur Reise von Queen Victoria nach Coburg, Gotha und Reinhardsbrunn

... in "The illustrated London News" 1862, Blatt 326;

20. September 1862 *

*Her Majesty Queen Victoria reached Coburg ** on Wednesday week, where she was received by the Duke and Duchess of Coburg-Gotha, and the Prince and Princess Frederick William of Preussen, with the Prince William, their infant son. On the following day the Royal personages took walks in the neightbourhood. Among the Places of note which will probably be visited by her Majesty during her stay at the Court of Coburg-Gotha is the ducal country seat Reinhardsbrunn, near the town of Gotha,* *which with Coburg is alternately the residence of the Duke of Coburg-Gotha.*

This hunting castle, beautifully situated, about nine miles from Gotha, is built on the site of a convent of the same name, but of whitch no remains exist. The father of Prince Albert built the present structure in the style of the middle ages from the designs of Gustavus Eberhard. It is considered a Chef d cuisine of its kind, and with great skill unites the convenience of modern life with the style and spirit of the structure on whose foundations it is built. It contains spacious halls, saloons and corridors, and galleries, summer and winter apartments, a church, and galleries, of which the church and "stag's-horn" galleries are most worthy of motion. The latter is so named from the adornment being composed of stags' horne. The Inselsberg mountains rise immediately behind the mansion.

Übersetzung von Peter K.:

Samstag, 20. September 1862

Ihre Majestät Königin Victoria erreicht Coburg (?) am Mittwoch der Woche, wo sie von Herzog und Herzogin von Coburg-Gotha, sowie Prinz und Prinzessin Friedrich Wilhelm von Preussen mit Prinz William, ihrem kleinen Sohn, willkommen geheißen wurde. Am folgenden Tag unternahmen die königlichen Personen Spaziergänge in der Umgebung.

Zu den vorgesehenen Sehenswürdigkeiten, die wahrscheinlich von Ihrer Majestät während ihres Aufenthalts am Coburg-Gothaischen Gericht besucht werden würden, zählt der herzoglichen Landsitz Reinhardsbrunn, nahe der Stadt Gotha, der abwechselnd mit Coburg die Residenz des Herzogs von Coburg-Gotha ist. Das Jagdschloss, wunderschön gelegen, etwa neun Meilen von Gotha, liegt auf dem Gelände eines Klosters mit dem gleichen Namen gebaut, von dem aber keine Überreste mehr vorhanden sind. Der Vater von Prince Albert baute die heutige Struktur im Stil des Mittelalters nach den Entwürfen von Gustav Eberhard. Er gilt als ein „Meister des Fachs" seiner Zunft, der mit großem Geschick den Komfort des modernen Lebens mit dem Stil und Geist der Vergangenheit, auf deren Grundlagen (Struktur) sie gebaut wird, vereint.

Es enthält geräumige Hallen, Säle, Korridore und Galerien, Sommer- und Winter-Apartments, eine Kirche und Galerien, von denen die Kirchgalerie und Hirschgalerie die sind, welche am meisten Beachtung verdienen. Letztere wird so benannt, weil deren Schmuck aus Hirsch-Geweihen besteht. Die Berge des Inselsberggebirges steigen direkt hinter dem Herrenhaus empor.

* Der Focus liegt hier auf Samstag, dem 20 September. Der Aufenthalt im Schloss Reinhardsbrunn erstreckte sich, gemäß den Tagebuchaufzeichnungen vom 5. September bis zum 3. Oktober 1862

** Queen Victoria kam erst am Freitag, den 3. Oktober in Coburg an.

Sie schreibt am 3. Oktober 1862 in ihrem Tagebuch: "… Wir fuhren im Zug an Themar und Hildburghausen vorbei, zu denen wir beide 1845 gefahren waren! Dann kamen wir plötzlich auf die liebe wohlbekannte Festung und ich war völlig überwältigt. **Fritz** und **Vicky** (22) holten uns am Bahnhof in Coburg ab. Ich war furchtbar nervös. Sie und **Lenchen (16)** stiegen mit mir in den Wagen und ein paar Minuten später standen wir vor der Tür des Schlosses. Nur Max Wangenheim half mir heraus."

Ihre Ankunft in Reinhardsbrunn war am 5. September 1862. Im Folgenden der Reiseverlauf von Queen Victoria vom 1. bis 5. September 1862:

Am Montag, dem **1.** September, ging die Queen in Greenhithe in England an Bord der Königlichen Yacht "Victoria und Albert". Ihre zwei Jungen, Affi und Arthur, gingen an Bord der „Osborne".

Am folgenden Tag, Dienstag den **2.** September, erfolgte die Überfahrt nach Antwerpen.

Später (am **3.** Sep.) gab es einen kurzen Aufenthalt in Brüssel. Von da aus erfolgte die Weiterreise am **4.** September 1862 mit der Eisenbahn über Köln. Die Ankunft in Köln war ca. 20:45 Uhr. Dann erfolgte die Weiterreise in Richtung Eisenach. Die Ankunft in Eisenach erfolgte am **5.** Sept. morgens gegen 7:00 Uhr. Danach fuhr der Zug weiter bis Mechterstädt. Von Dort aus ging es im Konvoi von Kutschen direkt nach Reinhardsbrunn. Die Ankunft in Reinhardsbrunn war am Freitagvormittag, dem **5.** September.

Anmerkung: Offensichtlich kannte der Verfasser des Beitrages die realen zeitlichen Abläufe nicht. Er bezog sich wohl auf ältere Aussagen des englischen Hofes und auf eigene Recherchen zu den Örtlichkeiten.

Anhang 3:

Im Folgenden einige Eindrücke von der Hotelanlage des ehemaligen "Schweizerhaus", als "erstes Haus" am Platz, die sich, auch Dank des Besuches von Queen Victoria, bis Ende des 19. Jahrhunderts rasant entwickelte.

Bild 30

Bild 31

Bild 32

Im Anschluss ein Eindruck von Hotel "Schießhaus" in Groß Tabarz am Ende des 19. Jahrhunderts, das später an Stelle des Schießhauses (ehem. Gasthof) zu Tabarz entstand.

Bild 33

Anmerkungen:

(1) Im Jahre 1855 wurde die königlich, bayrische Telegraphenstation in Reinhardsbrunn errichtet, deren Drähte „über den Zinnen" der Schlossanlage zusammenliefen. Sie stand in direkter Verbindung mit Gotha und der Thüringischen, anderseits mit Liebenstein und der Werra-Eisenbahn in direkter Verbindung.

Quelle: Friedrichroda, Berg- und Badestadt im Herzogtum Gotha, von H. Schwerdt, Verlag von J.G. Müller, 1860

(2) Waltershausen selbst hatte sich in der Bauplanungsphase einem Streckenverlauf, der direkt Waltershausen als Haltepunkt ermöglicht hätte, verweigert. Wie so oft, standen „kurzsichtige" Argumente dieser Lösung entgegen. Seitens des Stadtrates verlautbarte man: „Mjer han friher kenne Iserbahn gehatt, mer bruen jatzt a kenne!".
Zum Zeitpunkt des Aufenthaltes von Queen Victoria im Jahr 1862 hatte sich diese Einstellung grundhaft gewandelt. Inzwischen existierte die Waltershäuser Pferdebahn, als Zweigbahn. Durch diese konnte Waltershausen über Fröttstädt an das moderne Eisenbahnnetz angeschlossen werden. Ab etwa dieser

Zeit wurde der Umbau und die Weiterführung der Zweigbahnstrecke nach Friedrichroda, als aufstrebendem Kurort, projektiert.

Quelle: Von der Waltershäuser Pferdebahn zur Waldsaumbahn 1848 -1998, Michel Weisser & Mario Möller, Verlag Rockstuhl, 1998

Der private Haltepunk „Mechterstädt" wurde gewählt, um abseits vom Alltagsbetrieb der Eisenbahngesellschaft, mit nur einem Umstieg von der Eisenbahn auf die bereitstehenden Kutschen und Gespanne nach Reinhardsbrunn gelangen zu können.

(3) VA - Der Royal Order of Victoria and Albert ist ein Teil des britischen Ehrensystems und Königlicher Familienorden von Großbritannien, der am 10. Februar 1862 von Königin Victoria gestiftet wurde. Nach dem Tod der Königin im Jahre 1901 wurde die Auszeichnung nicht weiterverliehen.

Hinweis: das Quellenverzeichnis wird im Anhang gesondert aufgeführt.

Wer hat an der Uhr gedreht?

Ist es wirklich schon so spät?

Die meisten Türme, Schlösser und Burgen besitzen eine Turmuhr. Schloss Reinhardsbrunn, besitzt einen schönen Schlossturm und deshalb entschied man sich im Jahre 1936 eine Schlossturmuhr einzubauen. Diese hat man von der "Turmuhrenfabrik und Maschinenwerkstatt Wilhelm Kuhn" aus Gräfenroda eigens bauen lassen. Heute ist allerdings diese Turmuhr stillgelegt und funktioniert nicht mehr. Als im Herbst 2008 bemerkt wurde, dass immer wieder andere Uhrzeiten angezeigt werden, war die Verwunderung sehr groß.

Auf diese Merkwürdigkeit aufmerksam geworden, wurde das Mysterium von den Schlossparkführern argwöhnisch beobachtet.
Tatsächlich zeigt die Turmuhr immer wieder andere Uhrzeiten an. Jedoch wurde nie die aktuelle Uhrzeit angezeigt.
Spukt hier etwa ein Schlossgeist oder will sich etwa jemand einen Scherz erlauben? Dreht etwa der Wind an den Zeigern? Letzteres kommt nicht in Betracht, da die Uhrzeiger mit ihrem Gewicht sich nicht vom

Wind drehen lassen. Um eventuell festzustellen, ob das Uhrwerk trotz Stilllegung funktioniert, wurde die Schlossturmuhr von einem Fachmann überprüft. Dieser konnte lediglich bestätigen, dass das Uhrwerk nicht mehr geht, stillgelegt ist und somit nicht mehr funktionieren kann.

Wenn man im Turm die Stufen zur Turmuhr hinaufsteigt, vergisst man fast Luft zu holen, damit man hören kann, ob ein leises Ticken zu hören ist. Leider ist dies nicht der Fall. Gespannt und leise stellt man sich dann vor die Uhr und lauscht. Noch eine Minute, und noch eine Minute, doch selbst wenn wir hier noch ganz lange warten würden, es ist weder ein Ticken noch sonst ein Geräusch zu hören. Ein Rätsel? Was hat es mit dieser Schlossturmuhr und ihrem Eigenleben auf sich? Die Zeiger der Turmuhr zeigen meistens auf 11.55 Uhr, Fünf vor Zwölf an, auch dann, wenn die Uhrzeit kurz zuvor bewusst auf eine andere Zeit gestellt wurde. Nehmen Sie, lieber Leser, Ihre linke Hand und kreuzen doch bitte mal den Zeigefinger mit dem Mittelfinger, was so viel bedeutet wie „Ätsch", ... ganz genau. Also doch ein Schlossgeist? Oder wer treibt hier sein Unwesen? Da dafür bisher leider keine Erklärung gefunden wurde, lieber Leser, kann somit weiterhin nur gerätselt werden.

(Schon im Jan. 2014 waren hier die Uhrzeiger abgebrochen und entwendet worden. Kurze Zeit darauf wurden auch die beiden Turmuhrglocken, eine davon aus der Endzeit des Klosters, entwendet.)

Bild 34,

Rätsel um das Kindergrab der kleinen Marie

Geht man im Schlossparkgelände umher, fällt es gar nicht weiter auf, dass sich hier in Reinhardsbrunn ein Kindergrab befindet. Erst wenn man sich durch ein tiefes Dickicht kämpft, kommt man an der Südostecke im Schlosspark zu diesem Kindergrab. In unmittelbarer Nähe befindet sich auch schon die Waldbahnhaltestelle Reinhardsbrunn. Nahe der Schlossmauer ragt ein ca. 1,5 Meter hoher Grabstein hervor. Betrachtet man ihn näher, kann man auf der Vorderseite einen stehenden Engel sehen, er ziert die Grabesplatte und hält ein kleines Kind in seinen Armen. Geschrieben stehen folgende Zeilen:

"Hier ruht Marie Antoinette Kreutzburg. Sie war geboren am 22. Februar 1841 und entschlief am 5. Mai 1843. Ihre Eltern Johann Heinrich Kreutzburg und seine Gattin Antoinette, geb. Schilling."

Ein wunderschönes Gedicht befindet sich an der rechten Seite des Steines mit dem Wortlaut:

"Eine Blume, lieblich gewoben,
und wie geschaffen zur Freude nur,
wurde für eine entlegene Flur,
ach so früh ausgehoben.
Liebe Marie, die Blume bist du.
Treue Liebe wollte dich warten,
führte dich schon dem Glücke zu:
Doch nun ist bei den
Sternen dein Garten."

An der linken Seite befindet sich folgender Text:

"Ihrer geliebten unvergesslichen Paten~ und Pflegetochter widmete dieses Liebesdenkmal Marie, regierende Herzogin von Sachsen-Coburg und Gotha, geb. Herzogin von Württemberg."

Die Abendsonne fällt durch das Dickicht, aber seltsamerweise fallen die Sonnenstrahlen ausgerechnet nur auf das kleine Denkmal des Kindergrabes. Ist es Zufall? Wurde der Ort des Grabes extra so ausgewählt, dass es hier von der Sonne beleuchtet werden kann? Man bekommt den Eindruck, dass der Grabstein hier in dieser Abendsonne eine besondere Aufmerksamkeit erwirken möchte.

Doch stellen sich viele Fragen um das Kindergrab. Warum wurde hier im Schlosspark dieses kleine Mädchen begraben? Weshalb sind unüblicher Weise die Eltern mit auf dem Grabstein geschrieben? Sollten etwa hier bewusst die Familienverhältnisse dargestellt werden? Woran starb die kleine Marie so früh?

In besonderer Weise wird auf der linken Seite erwähnt, dass die Ehefrau von Herzog Ernst I. von Sachsen-Coburg und Gotha, Marie (geborene Prinzessin Antoinette Friederike Auguste Marie Anna von Württemberg), die Patin und Pflegemutter von Marie war. Wuchs die kleine Marie somit hier in Reinhardsbrunn auf? Die Mutter des kleinen Mädchens scheint wohl als Magd eine Anstellung im Schloss gehabt zu haben. Aber Marie war doch bestimmt nicht das einzige Kind, von den vielen hier im Laufe der Zeit lebenden Angestellten? Und warum genoss ausgerechnet ein so kleines Mädchen, das nicht zur Herzogsfamilie oder desgleichen gehörte, dieses Privileg, hier eine Grablege zu bekommen? Woran ist die kleine Marie wohl so früh verstorben? Hängt ihre Todesursache etwa mit des Herzogs Frau Marie zusammen? Oder war es ein Kind mit besonderem Liebreiz, sodass man sich in besonderer Weise zu ihr hingezogen fühlte? Das kleine Mädchen trug zudem den gleichen Namen, wie ihre Patin, die Herzogin von Sachsen-Coburg und Gotha. Da die Ehe der Herzogin und ihres Ehemanns, Ernst I. Herzog von Sachsen-Coburg und Gotha kinderlos war, könnte man hier vermuten, dass die Herzogin wohl aus diesem Grund in rührender Weise um die kleine Marie bedacht war. In manchen Chroniken ist vermerkt, dass Herzog Ernst I. von Sachsen Coburg und Gotha mehrere ehelose Kinder hatte. In welcher Weise spielt dies hier gegebenenfalls eine Rolle? Viele Fragen werfen sich auf, die heute nur noch mit Vermutungen beantwortet werden können.

Allerdings sind seither viele merkwürdige Geschehnisse beobachtet worden, die jedes Mal im Zusammenhang mit einem kleinen Mädchen stehen. Eine Frau berichtete davon, am Eingang des Schlossparkes ein Mädchen gesehen zu haben. Die Kleine kam auf sie zu und forderte sie auf, mit ihr zu spielen. Nirgends waren aber Erwachsene oder etwa größere

Kinder zu sehen, zu denen die Kleine gehört haben könnte. Zu wem also gehörte das kleine niedliche Mädchen? Die junge Frau erinnerte sich später an ein sehr liebes, verspieltes und arg zutrauliches Kind. Als sie die Kleine ansprach und fragte, zu wem sie denn gehörte, antwortete sie nicht. Als sich die Frau nur kurz umdrehte, war das Mädchen plötzlich verschwunden.

So und auch in ähnlicher Weise gab es im Laufe der Jahre immer wieder Berichte und Erzählungen von Besuchern in Reinhardsbrunn. Handelt es sich etwa hier bei Marie um eine nicht losgelassene kleine Kinderseele? Warum sind ausgerechnet solche Ereignisse im Schlosspark zu beobachten?

Die Blätter im Dickicht um das Grabmal des Kindergrabes wehen im Wind. Es ist, als würde der Wind leise flüstern: "… Komm spiel mit mir."
Sind dies alles Zeichen dafür, dass die kleine Marie nicht vergessen werden will?

"Keine Angst Marie, wir wissen, dass auch du dir einen gepflegten Schlosspark wünschst, damit eines Tages der Weg frei ist zu deinem Grabe. Vielleicht kannst du dann deinen Frieden finden!"

… der restaurierte Grabstein von Maries Grabstelle in 2001

Bild 35

Ach …

du zarte liebliche, kleine Rose …

Warum gingst du so früh von uns?

Stets werden wir mit dir hier weilen,

auf den grünen Pfaden des Schlosses.

In unserem Herzen der ewige Schmerz,

doch du gingst nur vor uns

himmelwärts.

Martina Giese-Rothe

Bild 36

TEIL 4

Mit

Schloss Reinhardsbrunn

durch die

vier

Jahreszeiten

Frühling

April,

wir gehen durch die Schlossanlage und den Park, um nachzuschauen, ob der Frühling schon Einzug in die Schlossanlage hält. Sind durch den harten Winter viele Bäume gebrochen? Überall sprießen die Blüten und wir können deutlich erkennen, dass hier alles nur so danach drängt, in vollem Glanze zu erstrahlen. Um uns herum summen die Bienen, als wollten sie uns den Weg weisen. Auf den ersten Blick lässt sich nicht erkennen, ob durch den Winter das Schloss noch mehr verfallen und zu Schaden gekommen ist. Man spürt, dass hier Leben einziehen möchte, aber warum ist es dem ehemaligen Kloster und heutigen Schloss nicht möglich, ein ehrwürdiges "Dasein" zu führen? In der Geschichte fällt auf, dass das Schloss immer wieder mit Besitzverhältnissen zu kämpfen hat. Es geschehen merkwürdige Dinge, die teilweise nicht zu erklären sind. Sind dies alles Zeichen dafür, dass sich das Schloss auf seine Weise zur Wehr setzt? Immer wieder fällt das Schloss, richtet sich aber jedes Mal wieder auf und wehrt sich vermeintlich dagegen, dass ihm ein bestimmter Weg vorgeschrieben wird. In der Kapelle stehend fällt uns hierzu passend im Frühjahr die Osterliturgie ein. Dieser heilige Ort, der zeitweise durch Machtpolitik entweiht wurde, muss "sein schweres Kreuz tragen". Im Bauerkrieg wurde es genau 8 Tage vor Ostern geplündert und verwüstet.

Ostern heißt Auferstehung, Auferstehung heißt „Leben"

Vögel zwitschern, die Kleinsten versuchen es mit den ersten Flugstunden. Es ist einfach traumhaft schön, hier die Natur so wunderbar zu beobachten.

Ein Zweig mit einer weißen Blüte,
das Schloss fest umgriffen
ein Geheimnis behüte.

Gott soll dich bewahren,
vor den Dingen, die da harren.

Ein Veilchen, eine Tulpe, eine Rose,
welch Geheimnis du wahrst
in deinem Schoße?

Bienen summen um uns herum,
ansonsten ...
liebes Schloss, bleibst du stumm.

Martina Giese-Rothe

Ostern 2014

Bild 37

Sommer

Laue Sommernächte versprühen den Charme vergangener Tage. Leben von den Fischteichen drängt in die Ruhe des Schlosses. Die ganz natürlich verschlungen gewachsenen Bäume - wie zum Beispiel die Pyramideneichen, die Schlangenfichten, die schlitzförmigen Buchen und andere mehr - stehen hier anmutig beieinander. An vielen Stellen, vor allem dicht an den alten Mauen, hat sich hohes Dikkicht gebildet, durch das man sich richtig durchkämpfen muss. Im Schlossteich spiegelt sich das Schloss so klar, dass man kaum erkennen kann, welches das Schloss und welches das Spiegelbild ist. Vor allem auf Fotos muss man da schon genauer hinsehen, um es zu unterscheiden. Hochzeitspaare nutzen diese herrliche einmalige Kulisse für ihre Hochzeitsfotos. Mücken tanzen in der Abendsonne und versprechen somit den nächsten schönen Sommertag. Stunden später dann erstrahlt das Schloss mit seinem Park im lauen Mondschein. Jetzt lässt sich das Geheimnis des Schlosses erspüren.

Hymnus auf Gottes Königtum

Psalm 93,2-5

1 Der HERR ist König, bekleidet mit Hoheit; der HERR hat sich bekleidet und mit Macht umgürtet. Ja, der Erdkreis ist fest gegründet, nie wird er wanken.

2 Dein Thron steht fest von Anbeginn, du bist seit Ewigkeit.

3 Fluten erhoben, HERR, / Fluten erhoben ihr Tosen, Fluten erheben ihr Brausen.

4 Mehr als das Tosen vieler Wasser, / gewaltiger als die Brandung des Meeres ist gewaltig der HERR in der Höhe.

5 Deine Gesetze sind fest und verlässlich; / deinem Haus gebührt Heiligkeit, HERR, für alle Zeiten.

Sommer 2022

Bild 38

Herbst

Nebelschwarten ziehen durch die Wälder. Auch hier in Reinhardsbrunn kommen sie an und sorgen somit für einen gespenstischen Anblick.

Gut kann man sich vorstellen, wie die Mönche hier hinter einer Nebelwand im Dunklen mit hochgezogener Kapuze ihres Gewandes ungesehen um die Ecke schlichen. Welche geheimnisvollen Gespräche, Begebenheiten, Geschehnisse sind wohl in dieser Jahreszeit an diesem doch so einzigartigen Ort passiert.

Blätter färben sich und fallen von den Bäumen. Herbst ist die Zeit, wo das ehemalige Kloster und heutige Schloss uns eine andere Seite zeigt: Mystik.

Wir beobachten ein Eichhörnchen, welches sich gerade einen Vorrat für den Winter anlegt. Wo wird es sein Versteck hier haben?

Reinhardsbrunner Herbstspaziergang

Sagenhaft verschlungene Welt,
verborgene Zeit,

Bäume zauberhaft gewoben,
Blätterdach so bunt und fein
laden zum Verweilen ein.

Lang schon her die goldene Zeit,
wo bedeutungsvoll diese Stelle.

Nebelschwaden spinnengleich verbergen
märchenhaft geheimnisvoll,
Geschichten geschehen schon vor langer Zeit.

Mönchgesänge durchdringen in später Stund´,
gesungen wie aus Geistermund,
... voll Wehmut die nächtliche Tiefe.

Vergangenes Kloster
in der Erde verborgen ... noch,
Ludwigs Grab ein Wunderort ...

Andreas Paasche

Herbststimmung im Schlosshof
Bild 39

Winter

Man stelle sich doch einmal Folgendes vor: Raureif überzieht die Landschaft. Überall riecht es nach Bratwurst, Plätzchen, Glühwein und frischen Waffeln. In den Schlossfenstern stehen Zahlen von 1 bis 24, so groß wie die Fenster sind. Ein richtig lebendiger "Schloss-Adventskalender". Plötzlich öffnet sich Fenster Nr. 11. Ein Wintermärchen wird von einem Mädchen, welches als Engel verkleidet ist, vorgelesen. Danach folgt ein kurzes Musikstück auf der Trompete. Die vielen Menschen, die zum Weihnachtsmarkt ins Schloss gekommen sind, lauschen gespannt und schauen nach oben zu den Fenstern. Von gegenüber kommt ein Wiehern, Pferde werden von kleinen Kindern gefüttert und gestreichelt. Im Innenhof ist eine wunderschöne Krippe aufgebaut, davor stehen ein lebendiger Ochse und drei Schafe, die von den allerkleinsten Kindern bestaunt werden. Viele von ihnen halten eine Zuckerwatte in der Hand oder kauen gebrannte Mandeln. Überall auf dem Schlossgelände stehen Buden mit vielen schönen Auslagen z. B. Adventsfloristik, Geschenkartikel, Töpfereien oder Spezialitäten rund um die Küche. Viele Leute sind gekommen, um hier an diesem besonderen Ort diesen wunderschönen Weihnachtsmarkt zu genießen. Alle unterhalten sich vergnügt und schwärmen von vergangenen schönen Zeiten hier im Schloss. Die Abenddämmerung setzt ein und plötzlich fallen die ersten Schneeflocken des Jahres, ein Traum. Für wen wäre da nicht Schloss Reinhardsbrunn das Traumschloss in einem Wintermärchen?

Advent

Eissterne an den Fenstern vom Schloss,
ein Reiter ... er kommt hoch zu Ross.

Schneeflocken fallen hernieder,
laut klingen schöne Lieder.

Ein Hauch von Vergangenem zieht ein,
viele Fackeln und auch Kerzenschein.

Die Kinder blicken zu dem Reiter,
ihre Gesichter blicken heiter.

Der Reiter ist der Nikolaus,
er teilt an alle die Geschenke aus.

Nach Hause gehen wir mit Laternen und
Kerzen ...
und Schloss Reinhardsbrunn in unseren
Herzen!

Martina Giese-Rothe

Januar 2023

Bild 40

Seite | 245

Reinhardsbrunner Winterspaziergang

Schneebedeckt des Schlosses Dächer,
frostig ist sein Winterkleid,
Eiseskälte in den Gemächern,
im Park herrscht des Winters Herrlichkeit.

Puderzuckergleich der Schnee in den Wiesen,
Sonne durchflutet die Baumkronen reich.
Kleine Pferde schauen einen neugierig an,
denken wohl: „Was will der Mann?"
Hat wohl Zucker in den Taschen,
oder Leckeres zum Naschen?
Dickes Fell und klare Augen,
ach, ihr Pferdchen mein, möget ihr die Hüter
des Märchenschlosses sein,
an diesem verzauberten Ort, tragt auf euren
starken Rücken alle meine Träume fort.

Auch den Traum von dem Märchenschloss
besserer Zeit …
Wenn der Winterschlaf endet,
dann ist es soweit.

Andreas Paasche

Fragmente

Bild 41

TEIL 5

Widmung

der Autoren

an das ehemalige Kloster

und

die Schlossanlage

sowie

Danksagung

Reinhardsbrunn - Märchenschloss meiner Kindheit

So viel Zeit ist vergangen und mein Herz hängt immer noch an Schloss Reinhardsbrunn. Schlösser gibt es viele in der Welt und doch hat gerade Schloss Reinhardsbrunn in Thüringen einen ganz besonderen Reiz. Der Schlosspark mit den gar harmonischen und liebevoll eingefügten Bauten der Schlossanlage liegt eingebettet in einem waldreichen Tal. Viele Stunden in meinen Kindertagen verbrachte ich im Schloss und im Park. Ein Schulkamerad wohnte im Dachgeschoss mit seiner Mutter. Wie tollten wir an Geburtstagen durch den Park. Nichts war uns heilig! Die Mauern konnten nicht hoch genug sein, als dass wir sie nicht bezwingen konnten. Eine große Leidenschaft war für uns das Beobachten der Schlossgäste. Sie waren für uns exotisch und von besonderem Interesse. Schloss Reinhardsbrunn war ehemals ein "INTERHOTEL". Hier kamen Leute mit einem gewissen Einfluss und Geld aus verschiedenen Ländern her. Hinter einer Hecke positionierten wir uns und los ging das Schauprogramm: "Sieh nur, was für ein dicker Schlitten vor dem "Hohen Haus" vorge-

fahren ist! ... Guck nur, die "Olle" mit ihrem Pelz-
mantel und dem großen Hut". Schmunzelnd amü-
sierten wir uns in unserem grünen Versteck. Ja, wir
konnten die Welt des "Westens" nicht nur mit den
Augen wahrnehmen. Nein, wir konnten die Herr-
schaften riechen und sie dufteten so wundervoll. Die
Damen und Herren aus dem meist westlichen Aus-
land hatten ihre ganz eigenen Duftmarken und wir
erschnupperten sie mit Begeisterung. In meiner
Kindheit durfte ich so viel in meinem Märchen-
schloss an schönen Dingen erleben. Heute verfällt
Schloss Reinhardsbrunn und keiner fühlt sich für
dieses herrliche Stück Erde verantwortlich.
Mögen meine Kräfte auch begrenzt sein, so trete ich
mit all meiner Kraft für „mein" Märchenschloss
Reinhardsbrunn ein. Wer für seine Träume und Ide-
ale kämpft, kann verlieren. Wer nicht kämpft, hat be-
reits verloren. Auch wenn all mein Mühen umsonst
sein sollte, so bin ich dankbar für alle menschlichen
Begegnungen, die ich in Reinhardsbrunn in den letz-
ten Jahren erleben durfte.

Euer

Andreas Paasche

Reinhardsbrunn

Versunken ist die Stätte,
die einst recht gut bekannt.
Ein Klagen erfüllt den Ort,
der leise nur genannt.

Wo seid ihr bloß geblieben,
ihre stolzen Leute hier!
Der Nebel neigt sich nieder,
man hört ein: „Dort sind wir!"

Gesegnet und verflucht ist
… dieses seltsame Tal.
Die Reinhardsbrunner Mönche
raunen es tausendmal. …

Bist das der Nebel steiget,

… vergesst uns nicht
… vergesst uns nicht

Wir prägten einst …
Reinhardsbrunns Gesicht!

Andreas Paasche

Gib es Zufälle? Nein, die gibt es nicht!

Der Weg, den wir im Leben gehen, ist uns von Gott vorgegeben. So sollte es wohl auch sein, dass mich der Weg mit meinem Sohn Ostern 2010 nach Friedrichroda in das Schönstattzentrum führte. Kaum hier angekommen, merkten wir sofort, dass dies ein besonderer Ort ist. Von der ersten Minute an wurden wir aufgenommen, als wären wir hier schon immer „zu Hause ...". Von Anfang an wurden wir immer wieder mit dem „Schloss" konfrontiert. Uns wurde allerdings auch immer erzählt »Das ist geschlossen!«, auch von „Schlossgespenstern" war die Rede. Was hatte es bloß mit diesem Schloss auf sich?

Neugierig geworden, liefen wir hinunter, spähten über die Mauern, doch nichts war zu erkennen. An der Vorderseite war ein Tor, ein Tor? Na ja, verbogen, als wäre man mit dem Auto dagegen gefahren, aber immerhin ein Tor. Also dachte ich mir, dann gehen wir eben nicht hinein.

Verschlossen, nicht bewohnt, von außen nichts zu sehen. Es soll eben nicht sein. Von wegen! Und wie es sein sollte. Immer mehr, Stück für Stück, kamen wir dem ehemaligen Kloster und heutigen Schloss näher. Oder sollte ich eher sagen, das Schloss holte uns? Auf dem Rosenfest war es dann so weit. Wir bekamen eine Privatführung. Eigentlich war es von mir so nicht beabsichtigt. Aber durch die Vermittlung der Marienschwestern, und dies sollte auch kein Zufall sein, wurde es organisiert. Und warum? Bei dieser Führung stand am Ende fest: Herr Andreas Paasche und ich schreiben gemeinsam unser erstes Büchlein über das ehemalige Kloster und Schloss und über die Heilige Elisabeth von Thüringen.

Liebes Reinhardsbrunn,
Du hast mich zu dir gerufen. Hier durfte auch ich Deine Vergangenheit und die Einzigartigkeit dieses heiligen Ortes kennenlernen.
In dem Moment, als ich deine Kapelle betreten durfte, konnte ich tief in mir die Heiligkeit dieses Ortes spüren. Du hast mir gezeigt, was für eine herausragende Bedeutung du, alleine schon aufgrund deiner Gründungsgeschichte, für Mitteldeutschland und weit darüber hinaus, verkörperst. Die Entweihung dieser Stätte ist wohl jedem, dem das Schloss Reinhardsbrunn ans Herz gewachsen ist, unbegreiflich.
Ich danke dir, dass ich dich weitab vom weltlichen Trubel, in deiner „Unberührtheit", kennenlernen

durfte, sodass es mir möglich ist, zu erahnen, wie eng deine Bindung zu Maria ist.

Ich wünsche dir, dass du bald wieder voll erblühst und in vollem Glanz neu erstrahlen darfst.

In der Hoffnung, wenn auch nur zu einem kleinen Teil mit dazu beizutragen, haben wir, Andreas Paasche, Peter Köllner und ich dieses Büchlein verfasst.

Deine

Martina Giese-Rothe 2012, 2024

Abschlussworte

Kommen Sie auf den Pfaden der Heiligen Elisabeth nach Reinhardsbrunn ins Kloster. Lassen Sie sich in Reinhardsbrunn führen.

Bestaunen Sie diese herrliche und einzigartige Anlage. Staunen Sie über die wertvollen, historischen und geschichtlichen Vermächtnisse vergangener Tage. Spüren Sie den wundervollen Glanz, der einst hier in Reinhardsbrunn herrschte, und lassen Sie einfach alles auf sich wirken. Vielleicht kommen Sie ja auch erst zu dem Zeitpunkt, an dem sich die Anlage wieder in einem wunderschönen und gepflegten Zustand befindet? Das ist unser Ziel und dann haben wir hoffentlich auch mit unseren Zeilen dazu beigetragen!

Martina Giese-Rothe

Andreas Paasche

Peter Köllner

Die alten Bäume erzählen ganz leise
von entschwundenen Bildern
ganz auf ihre Weise.

Klein Marie, so jung gestorben -
tanzt in den Wiesen und träumt vom Spiel mit
Pferdchen - von Tagen ohne Sorgen.

Adelsdamen, tuschelnd über ihre Liebeleien,
spazierend hier mit hellen Schirmen,
im Glauben, so geschützt vor Verehrern zu sein.

Oh wunderbar märchenhafter Ort,
in den Bäumen dort - weben Feen ihr Tuch -
eines Tages wirst du erlöst vom bösen Fluch.

Bis dahin lass uns fleißig träumen von einer
bessren Zeit - in der wir uns ehrlichen Herzens
die Hände reichen,

dann ist es bald soweit.

Martina Giese-Rothe

Danksagung

„Es ist das Ende eines langen Weges und gleichzeitig der Beginn eines neuen mühevollen Weges.
Ich gehe diesen Weg nur ein einziges Mal; alles Gute und Freundliche, das ich irgendeinem Menschen erweisen oder bezeigen kann, lasst mich deshalb sogleich tun. Lasst es mich nicht hinausschieben und nicht vernachlässigen, denn ich werde diesen Weg kein zweites Mal gehen."

— Ralph Waldo Emerson

Ich habe für Reinhardsbrunn gegeben, was ich konnte ...

Genau diese Worte von Ralph Waldo Emerson kann ich in Bezug auf Reinhardsbrunn nicht oft genug zitieren.

„Denn diesen Weg werde ich kein zweites Mal gehen."

Er war einmalig.

Immer wieder waren meine Worte, dass der Weg hier nicht das Ziel ist, sondern das Ziel erst erreicht ist, wenn wir wirklich angekommen sind.

Jetzt sind wir an dem Ziel angekommen, dass sich eine neue Zukunft für Schloss und Park Reinhardsbrunn auftun kann.

Wir waren erfolgreich.

Ich danke allen, die mit mir den Weg gegangen sind und bin dankbar für alle Augenblicke und Momente, die ich hier erfahren durfte, besonders dankbar bin ich dem Menschen, der mich hier aufgefangen und geleitet hat.

Martina Giese-Rothe (2023)

Danke,
liebe Leser und Leserinnen,

Bild 42

dass sie Gast in unserem Buch waren.

Hinweise:

Der Beitrag „Reinhardsbrunn – Märchenschloss meiner Kindheit", sowie die Gedichte „Reinhardsbrunn", „Reinhardsbrunner Herbstspaziergang" und „Reinhardsbrunner Winterspaziergang" stammen vom Gastautor Andreas Paasche.

Alle anderen Beiträge, Gedichte und Gebete sind von Autorin Martina Giese-Rothe und Co-Autor Peter Köllner überarbeitet und teils neu verfasst worden.

Bild und Fotoverzeichnis

Fotos: © Martina Giese-Rothe und Peter Köllner

Abbildungen von Stichen, Zeichnungen und alten AK:

Diese Werke sind <u>gemeinfrei,</u> weil ihre urheberrechtliche Schutzfrist abgelaufen ist. Dies gilt für die Herkunftsländer der Werke und alle weiteren Staaten mit einer gesetzlichen Schutzfrist von 70 oder weniger Jahren nach dem Tod des jeweiligen Urhebers.

Bild 1: Foto 2014: Eingangspforte zum Schlossturm. Cover

Bild 2: Symbol Heilige Mutter Jesu Maria, Titelei

Bild 3: Kupferstich: Statue der hlg. Elisabeth in der Kirche ihres Namens zu Marburg; in Graf Montalembert 1864: Geschichte der Heiligen Elisabeth von Ungarn. Verlag von J.M. Heberle, Köln, Seite 483, hier S. 12

Bild 4: Foto, Schalltor (ehemalige Haupteinfahrt zum Schloss, unterhalb des Ahnensaals), Nordseite, hier S. 14

Bild 5: Bamberger Dom - Ausschnitt eines Gemäldes von Wolfgang Katzheimer (15. Jh.), Quelle: Wikimedia Commons, hier S. 29

Bild 6: Foto, Darstellung der Landgräfin Elisabeth von Thüringen, Standort: Pilgertreff „Haus Waldfrieden" in Friedrichroda, hier S. 42

Bild 7: Litographie, Die Festung Ofen, Ansicht etwa 15, Jh. (vor der Eroberung durch die Osmanen), in „Ungarn und Siebenbürgen in Bildern" – Erster Band – (aus dem Ungarischen übersetzt), Verleger und Redakteure: Franz von Kubinyi und Emerich von Vahot, Pest, 1854, S. 18, hier S. 48

Bild 8: N.N. (nomen nescio) Stich aus dem 17. Jh., die Wartburg, wie sie wohl in etwa auch zu Zeiten von Elisabets Ehe ausgesehen hat, original Text: die Wartburg um 1690 Merian Abbildung aus „Der Führer der Wartburg" die von Dr H. v. Ritgen, veröffentlicht von J.J. Weber, Leipzig 1876, gemeinfrei, hier S. 62

Bild 9: Kupferstich der Elisabeth-Kirche zu Marburg, Quelle: Graf Montalembert 1864: Geschichte der Heiligen Elisabeth von Ungarn. Verlag von J.M. Heberle, Köln, S. 464, hier S. 77

Bild 10: Kupferstich des Elisabeth-Schrein zu Marburg, Quelle: Graf Montalembert 1864: Geschichte der Heiligen Elisabeth von Ungarn. Verlag von J.M. Heberle, Köln, hier S. 78

Bild 11: Kupferstich des Elisabeth-Aufbahrung, Wandrelief in der Kapelle in der Elisabeth-Kirche zu Marburg, Quelle: Graf Montalembert 1864: Geschichte der Heiligen Elisabeth von Ungarn. Verlag von J.M. Heberle, Köln, S. 481, hier S. 79

Bild 12: Foto, Winterzeit, Westansicht Hohes Haus/Schloss Reinhardsbrunn, 2021, hier S. 83

Bild 13: Stich, Heilige Elisabeth von Ungarn (1207 bis 1231). 1852, unbekannter Künstler, hier S. 129

Bild 14, Foto, Kreuzigungsrelief von Erasmus Postars ca. 1300. es war ehemals über der Pforte der Torkapelle des Klosters Reinhardsbrunn angebracht, heute in der St. Georgenkirche in Eisenach zu sehen, hier S. 154

Bild 15: Foto, „Lichtblick", Richtung Hohes Haus an der Nordseite des Schlosses Reinhardsbrunn, hier S. 156

Bild 16: Rose „Kaiserin Auguste Victoria", Antique Chromolithograph Published 1905, London for "The Amateur Gardener's Rose Book" by Julius Hoffmann. Illustrated by Hermann Friese. Translated by John Weathers. Printed in Stuttgart. Paper Size: 8.5 x 6 Inch (22 x 15cm), Lizenz: Public Domain, hier S. 160

Bild 17: Holzschnitt, „Einsiedler", 15,1 × 19,3 cm, Zeichner: Wolf Traut (1478–1520), Datum: 1513, hier S. 162
Quelle: http://www.zeno.org - Zenodot Verlagsgesellschaft mbH; Sammlung: Universitätsbibliothek Erlangen, hier S. 163

Bild 18: Foto, „Fenstergucker" am Turm auf der Nordseite der Schlossanlage, hier S. 168

Bild 19: Foto, Hedenus Grabmal am Reinhardsberg, oberhalb der Gleisanlage rechts-gegenüber der Waldbahnhaltestelle (ehem. Parkhotel, Berufsgenossenschaft Nahrungs- und Genussmittel, ehem. Gondelteich), 2023, hier S. 174

Bild 20: Portrait of Queen Victoria, stehend in Trauerkleidung, Iconographic Collections, ca. 1862 (?), by D.J. Pound, Quelle: Wikimedia Commons, hier S. 176

Bild 21: Stich: Besuch v. Queen Victoria 1862 in Reinhardsbrunn, aus „The ilustrated London News", bearbeitet & koloriert von P. Köllner, hier S. 178

Bild 22: Stich, Nordportal, Ansichten von Thüringen: Dans la Forêt de Thuringe. Voyage d'étude (1862) by Édouard Humbert, Quelle: Wikimedia Commons, hier S. 180

Bild 23: N.N. Stich: "Das Schweizerhaus", später dann das Hotel Herzog Alfred, etwa zu der Zeit als Queen Victoria 1862 in Reinhardsbrunn weilte. Hier hatte sich Herzog Alfred von Sachsen Coburg und Gotha mit seiner Frau Alexandrine, die ihr Schloss der Queen zur Verfügung stellten, für die gesamte Zeit einquartiert. Es erfüllte die höchsten Standards dieser Zeit. Auch "Vicky", die älteste Tochter von Victoria), ihr Mann "Fritz" und deren drei Kinder nahmen hier ihr Quartier, bearbeitet von P. Köllner, hier S. 187

Bild 24: Foto, Queen Victorias Pony-Stuhl 1857 mit Bertie, Prince of Wales), Royal Collection, bearbeitet von Peter K., hier S. 188

Bild 25: Stich, Schloss Tenneberg – Waltershausen, Ansichten von Thüringen: Dans la Forêt de Thuringe. Voyage d'étude (1862) by Édouard Humbert, Quelle: Wikimedia Commons, hier S. 192

Bild 26: N.N. Lithographie: altes Schießhaus Tabarz. hier S. 194

Bild 27: Stich, Gasthaus auf dem Inselsberg, Ansichten von Thüringen: Dans la Forêt de Thuringe. Voyage d'étude (1862), by Édouard Humbert, Quelle: Wikimedia Commons, hier S. 196

Bild 28: N.N. Stich: Wartburg, Ansichten von Thüringen: Dans la Forêt de Thuringe. Voyage d'étude (1862), by Édouard Humbert, Quelle: Wikimedia Commons, hier S. 198

Bild 29: Stich, Blick vom Reinhardsberg auf Friedrichroda, Ansichten von Thüringen: Dans la Forêt de Thuringe. Voyage d'étude (1862), by Édouard Humbert, Quelle: Wikimedia Commons, hier S. 201

Bilder 30-33: N.N. um 1900: AK, handgemalt, hier S. 214-215

Bild 34: Foto Januar 2014: Schlossturm mit Turmuhr. hier S. 221

Bild 35: N.N. Foto 2001: Grabmal des Kindergrabs von Marie. Gemeinfrei gestellt, hier S. 226

Bild 36: Foto 2016: Blick auf die Kirchgalerie von Norden. hier S. 230

Bild 37: Foto 2014: Frühlingsmotiv „Ostern im Park" mit Blick auf die Schlosskapelle. hier S. 235

Bild 38: Foto August 2022: Sommermotiv „Blick über den See" gegenüber dem Kavaliershaus. hier S. 238

Bild 39: Andreas Paasche Foto in 2010: Herbststimmung im Schlosshof mit Postkasten. hier S. 241

Bild 40: Foto Januar 2013: Wintermotiv „Blick über den Schwanenteich" aus Richtung West. hier S. 245

Bild 41: Andreas Paasche Foto 2010: Fundstücke - Figur-Fragmente. hier S. 247

Bild 42: Foto Winter 2014: Photage, Motiv Pforte Schlossturm mit Adventslicht (Symbol der Hoffnung für Reinhardsbrunn aus Kalender Schloss und Park Reinhardsbrunn 2015, bearbeitet Peter Köllner, hier S. 261

Bild 43: Andreas Paasche Dezember 2023: Foto: hier S. 274;

Peter Köllner Cover Rückseite Formatadaption Dez. 2023: Motiv „Identifikationsfigur die Heilige Elisabeth der Stadt Eisenach" - AWO Kinder- und Jugendhaus Eisenach. gemeinfrei (es besteht Panoramafreiheit),

Literatur- und Quellenverzeichnis

Friedrich Ködiz von Saalfeld 14. Jh.: Vita Ludivicus (lat.) > Das Leben des Heiligen Ludwig nach der lateinischen Urschrift übersetzt.

Heinrich Rückert 1851: Das Leben des heiligen Ludwig, Landgrafen in Thüringen. Verlag: T. O. Weigel, Leipzig

Graf Montalembert 1864: Geschichte der Heiligen Elisabeth von Ungarn. Verlag von J.M. Heberle, Köln

Walter Nigg 1963: Libellus de dictis quatuor ancillarum S. Elisabeth confectus, Büchlein über die Aussagen der vier Dienerinnen in: Elisabeth von Thüringen. herausgegeben und eingeleitet von W. Nigg, Düsseldorf, S. 69-107

Stiftungsurkunde des Hospitals Maria Magdalena von Landgraf Ludwig IV., Gemahl der heiligen Elisabeth, Datierung: um 1223 – 1226, Pergament, 16 x 20 cm, Archivportal Thüringen, ... zum Hause des Hospitals zu Gotha gehörend, für die Brüder St. Lazari vom Hause ...

Franz von Kubinyi & Emerich von Vahot 1854: Ungarn und Siebenbürgen in Bildern – Erster Band – (aus dem Ungarischen übersetzt). Verleger und Redakteure: Franz von Kubinyi und Emerich von Vahot, Pest,

Dr. utr. Jur. Christian Haeutle 1862: Landgraf Herman I. von Thüringen und seine Familie. Jena, Verlag Friedrich Frommann,

K(C)arl Wenck 1885: Albert Naude, die Fälschung der ältesten Reinhardsbrunner Urkunden ... . ZVThGA, Bd. 12 (N. F. Bd. 4), Jena, S. 291 - 299.

K(C)arl Wenck, „Ein Handschriftenkatalog des Klosters Rein-
hardsbrunn vom Jahre 1514", in: ebenda, S. 279 - 287

Thüringische Geschichte – Aus den Handschriften D. Caspar
Sagittarius gezogen, bey Johann Christoph Stößel, 1772,
Chemnitz, S.576 (für das Sterbejahr und daraus resultierend
das Geburtsjahr)

Sigmar Löffler 2003: Geschichte des Klosters Reinhards-
brunn. Erfurt und Waltershausen

Quellenverzeichnis zum Beitrag „Die Residenz der Köni-gin:

Tagebucheinträge aus der Zeit des Aufenthaltes von Queen Victoria
in Reinhardsbrunn
Internetportal Online: qvj.chadwyck.com
Queen Victoria´s Journals/Version: Princess Beatrice's copies

Anm.: Dreizehn Bände mit Victorias eigener Handschrift sind er-
halten geblieben, und der Großteil der übrigen Bände wurde nach
dem Tod von Königin Victoria von ihrer jüngsten Tochter, Prinzes-
sin Beatrice, auf Anweisung ihrer Mutter abgeschrieben.

u. A. 1862: Journal "The illustrated London News"

H. Schwerdt 1860: Friedrichroda, Berg- und Badestadt im Herzog-
tum Gotha. Verlag von J.G. Müller

Michel Weisser & Mario Möller 1998: Von der Waltershäuser Pfer-
debahn zur Waldsaumbahn 1848 -1998. Verlag Rockstuhl

Paul Hasert 1940: Beschreibung der Stadt Friedrichroda. Chronist, Friedrichroda

Aufgeführte Personen: Recherche mittels Kompendien, Lexika und Internetz

Édouard Humbert 1862: Dans la Forêt de Thuringe. Voyage d'étude. verfügbar über Wikimedia Commons

Schwerdt, Heinrich 1854: Thüringens Bäder nach ihrer Lage, ihren Heilkräften, ihren Einrichtungen und ihren Umgebungen; H. 2: Friedrichroda: Berg- und Badestadt im Herzogthum Gotha. Gotha, Verlag Müller
Online: https://nbn-resolving.org/urn:nbn:de:urmel-84d373fa-2159-43b3-9f76-689fdd7393303

Cover Rückseite: Graffiti mit Motiv der Hlg. Elisabeth und Bezug zur Wartburg

Von Andreas, Freund unserer Interessengruppe „Schloss-freunde Reinhardsbrunn" und deren „Café-Zeit - Reinhards-brunner Gesprächsrunde", wurde uns das Foto der Fassade des „AWO Kinder- und Jugendhaus Eastend" mit dem Motiv der Elisabeth von Thüringen übermittelt. Es hat uns sehr zu-gesagt. Aus unserer Sicht ist es eine gelungene Adaption von Elisabeth von Thüringen, Hessen und Ungarn, die unser Heute inspirieren kann. Da die Geschichten von Elisabeth sehr eng mit Eisenach, Marburg und Reinhardsbrunn ver-bunden sind, begeben wir uns immer wieder auf Motivsuche zu dieser Thematik.

Bild 43, von Andreas Paasche, 2023

Im Rahmen eines Projekts der Einrichtung war ein geeignetes Motiv gesucht worden, das zum einen eine Alleinstellung besitzt und zum anderen die Verbundenheit der Kinder und Jugendlichen (von 10 bis 27 Jahren) mit der Heimatstadt und der Region zum Ausdruck bringt. Entsprechend dem Wunsch der Kinder und Jugendlichen des AWO-Kinder- und Jugendhauses, so kam es im Gespräch mit dem Jugendleiter zum Ausdruck, wurde dieses Graffiti von dem professionellen Graffiti-Künstler Max Kosta aus Erfurt, unter Mitwirkung der Jugendlichen, erstellt und ausgeführt. Das Bildmotiv schmückt die Fassade vom „Kinder- und Jugendhaus East End" in Eisenach. Wir haben uns entschieden, die Darstellung, mit leichten Anpassungen an unser Format, aber ansonsten unverfälscht, einer breiteren Öffentlichkeit, so wie es am Fototermin zu sehen war, bekannt zu machen.

Zwischenzeitlich wurde die Fassadengestaltung um einen themenbezogenen Sinnspruch und das Signe des Künstlers ergänzt. Gezeigt wird eine „moderne" Sicht auf die Heilige Elisabeth mit einem direkten Bezug zum Rosenwunder, in Verbindung mit dem Sinnspruch „Wenn das Brot, das wir teilen, als Rose blüht".

Der Sinnspruch stammt von einem ganz jungen Lied zum Lob der Barmherzigkeit. Es ist 1981 in der katholischen Diaspora der DDR entstanden. Ausgangspunkt ist das Rosenwunder, auf das der Beginn der ersten Strophe Bezug nimmt. Der Erfurter Theologe Claus-Peter März verfasste 1981 zu Elisabeths 750. Todestag den Text dieses Liedes, das der Leipziger Kirchenmusiker Kurt Grahl für die Jugendwallfahrt, die im selben Jahr von Leipzig zu den Wirkungsstätten der Heiligen führte, vertonte. Schon im Jahr darauf wurde das Lied auf dem Katholikentag in Düsseldorf gesungen und erfuhr bald darauf einen bleibenden Platz im heutigen Liedgut.

Text

Wenn das Brot, das wir teilen, als Rose blüht
Und das Wort, das wir sprechen, als Lied erklingt
Dann hat Gott unter uns schon sein Haus gebaut
Dann wohnt er schon in unserer Welt

Ja, dann schauen wir heut schon sein Angesicht
In der Liebe die alles umfängt
In der Liebe die alles umfängt

Wenn die Hand, die wir halten, uns selber hält
Und das Kleid, das wir schenken, auch uns bedeckt
Dann hat Gott unter uns schon sein Haus gebaut
Dann wohnt er schon in unserer Welt

Ja, dann schauen wir heut schon sein Angesicht
In der Liebe die alles umfängt
In der Liebe die alles umfängt

Wenn das Leid, das wir tragen, den Weg uns weist
Und der Tod, den wir sterben, vom Leben singt
Dann hat Gott unter uns schon sein Haus gebaut
Dann wohnt er schon in unserer Welt

Ja, dann schauen wir heut schon sein Angesicht
In der Liebe die alles umfängt
In der Liebe die alles umfängt

Quelle: Musixmatch

Jetzt als Neuauflage im Buchhandel erhältlich.

Geschichte & Geschichten
Poesie & Lyrik

Autoren:

Dr. Roland Scharff,
Martina Giese-Rothe,
Peter Köllner,
Claudia Paal,
Walter Dawidowicz,
Jürgen Herwig,
Andreas Paasche,
Uwe Zerbst

Verlag: BoD, 2025, 172 Seiten

ISBN 978 3 7693 2616 1

Reinhardsbrunner Poesiealbum
eine Anthologie der Poesienächte

Nichts passt besser zu Reinhardsbrunn und seiner Vorgeschichte als Poesie und Lyrik. In diesem Buch finden Sie eine Zusammenstellung der besten Beiträge der letzten Jahre. Es geht natürlich auch um Schloss Reinhardsbrunn ... eine bunte Vielfalt von Gedanken, Gedichten und Geschichten:

Erfahren Sie, was Reinhardsbrunn so erlebenswert macht.

Warum ist Reinhardsbrunn für Elisabeth von Ungarn, Thüringen und Hessen, die Heilige Elisabeth, von fundamentaler Bedeutung?

Seien Sie dabei, wie Queen Victoria von Großbritannien das erste Mal gemeinsam mit ihrem Prinzgemahl Albert in Reinhardsbrunn weilte.

Die Anthologie ist im Jahr 2016 bei MACHOLDT – DER VERLAG in Erstausgabe erschienen und vervollständigt in der nun vorliegenden Fassung das Gesamtbild von Reinhardsbrunn.

Leseprobe:

Die Klosterlinde

Kaum eine Baumart passt so gut zur Poesie, zum Kloster und seinem Park wie die Linde, denn die Linde gilt seit alter Zeit als Baum der Harmonie und als Baum der Liebe.
Bei jedem Schlag und im verhallenden Klang der Glocken des einstigen Münsters des Klosters wirkte die Linde furchtsam und fromm.
Die Klosterlinde stand in etwa 25 m südlich des „Hohen Hauses", in der Nordwest-Ecke des ummauerten Rosengartens.

Im 18. Jahrhundert war sie mit einem hölzernen „Gebäu" versehen worden. Im Geäst des Baumes, auf dem „Gebäu", einem wahrscheinlich offenen Holzsäulensaal, war ein Holzboden aufgezogen und eine Treppe führte hinauf. Diesen kleinen Garten nannte man damals liebevoll „Lindengärtchen".
Bis weit in das 19. Jahrhundert hinein hatte dieses kleine „Gärtchen" Bestand und wurde vielmals erneuert.

Mit ein klein wenig Fantasie kann man sich leicht ausmalen, welche poetisch verträumten, aber wohl auch heimlichen Liebes-Abenteuer hier ihren Verlauf genommen haben mögen. ...